唱歌で学ぶ
日本音楽

DVD付き

［編著］日本音楽の教育と研究をつなぐ会
［監修］徳丸吉彦

音楽之友社

はじめに ── 唱歌の重要性について

日本音楽の教育と研究をつなぐ会

　グローバル化する現代社会にあって、学校教育では、我が国の伝統文化への深い理解を育んでいくことが求められています。このため、音楽科における我が国や郷土の伝統音楽の学習は、ますます重要になってきています。日本音楽の教育と研究をつなぐ会は、音楽科の教員、音楽学や音楽教育学の研究者、伝統音楽の実演家、教育行政関係者などが集まり、伝統音楽に関わるよりよい音楽教育実践の在り方を考えるグループです。私たちは、伝統音楽の学習において唱歌（口唱歌とも）を用いることが大切だと考えています。平成29年3月に告示された中学校学習指導要領にも、「口唱歌」の語が見えていますが、それは伝統音楽の学習においてどのような意義をもっているのでしょうか。

　唱歌は、箏の「コロリン」や締太鼓の「テレツク」のように、和楽器の音を口で唱えることによって、その奏法や音色を伝えるために、伝統的な学習の場で用いられてきました。唱歌には、音色や旋律、リズム（拍、間など）、奏法等、和楽器の音楽に関わる全ての要素が含まれており、それらを丸ごと捉えることが可能なのです。それだけでなく、伝統音楽の表現の特質やその伝承方法、日本語と音楽の深い関わりなど、伝統音楽に関わる様々な要素を学ぶことができます。こうした唱歌のもつ特徴を生かすことで、実際に和楽器を演奏するだけでなく、伝統音楽を教材とした音楽づくり・創作や鑑賞の学習を一層充実させることが可能になります。

　以下に唱歌を学ぶことのメリットを挙げてみたいと思います。

❶ 和楽器の音楽や演奏法を、平易な方法で実践的に学習できる

　和楽器のリズムや旋律、音色といった器楽としての音楽の諸要素（〔共通事項〕）を、難しい楽器奏法を習得することなく、平易な歌唱行動を通して体験的に学べる。その上、演奏のための姿勢や身体の使い方と組み合わせることも可能であり、実際に楽器演奏を行う際に、より深く和楽器及び伝統音楽を学習することができる。

❷ 音楽の多様性を学べる

　西洋音楽とは異なる規範をもつ我が国および郷土の伝統音楽を学校教育で指導するに当たり、唱歌を通して音楽の多様性を学べる。

❸ 諸民族の音楽理解の入り口になる

　唱歌は、韓国、インド、西アジアなど世界各地で用いられており、諸民族の音楽を理解する上にも、唱歌の概念を知っておくことは有効である。

❹ **楽譜の見方が広がる**
　唱歌は「口で唱えられる楽譜」ともいえ、身体で学ぶ口頭性（演奏実践）と、言葉による書記性（楽譜的役割）を、両方兼ね備えるという優れた特性を有している。
❺ **日本の伝統音楽の本質の一つでもある、言葉と音楽との関係や融合性を学べる**
❻ **学校に楽器が無くとも、唱歌を用いることによって、一斉指導が可能である**
　和楽器の学習で楽器確保は大きな問題だが、唱歌を用いることによって、楽器が無くとも、和楽器演奏の疑似体験（イメージ・トレーニング）を通じて、その学習が可能になる。その有効性は伝統音楽の伝承の場で実証済である。
❼ **伝統的な伝承方法を通して、学習方法の可能性が広がる**
　楽譜を用いない音楽の学習、楽器を用いない器楽の学習は、学校教育で扱われる西洋音楽の学習では得られない経験である。また、礼儀作法など他の日本文化と関連させて学習することも可能である。
❽ **伝統的な歌唱の学習にも有効である**
　唱歌を唱えるためには、従来の頭声的な発声によらない自然な発声が求められることに加えて、唱歌では、旋律の微妙な動きや装飾を「コブシ」や「節回し」を用いて表現することから、伝統的な歌唱の学習にも有効である。
❾ **創作への応用が可能である**
　唱歌は、「お囃子づくり」のような音楽づくり・創作への応用が可能である。複数の楽器の唱歌を組み合わせることにより、合奏作品の創作も可能である。
❿ **鑑賞への応用も大きな効果がある**
　事前に唱歌により音楽の特徴を把握してから鑑賞することで、その音楽をより深く的確に理解し、味わうことができる。雅楽の鑑賞指導などに取り入れられて、すでに成果を挙げつつある。

　以上のような考えに基づいて、日本音楽の教育と研究をつなぐ会は、日本の文化の未来を担う子どもたちのために、総力を挙げてこのDVD教材を作成しました。作成に当たっては、多くの実演家の皆さま、学校の先生方や児童・生徒の皆さんたちから、惜しみないご協力を頂きました。日本の伝統音楽の世界には、様々な種目や流派があります。ここに示したものは、その一部にすぎませんが、この教材が、学校の現場で、教員養成の現場で、あるいは実践家養成の現場で、活用されることを願って止みません。

（文責：薦田治子）

監修の辞にかえて ── 音楽の骨組みを唱歌によって把握する

徳丸吉彦

　小学校でも中学校でも、新しい曲を学ぶときに楽譜を使うのが一般的だと思います。この場合、楽譜という記されたものを使って音楽が伝えられますので、これを書記性による伝承と呼びます。例えば、リコーダーの曲を伝える場合に、「指孔を全部閉じて長く伸ばして」などの文章を記したものを使えば、これも書記性による伝承になります。それに対して、楽譜を全く使わずに、先生がリコーダーを吹いて、あるいは歌を歌って、それを生徒が耳から覚えて演奏することもできます。この過程を口頭性による伝承と呼びます。この場合、先生と生徒は時間と場所を共有しなければなりません。つまり、生徒と先生は音が聴こえる場所に同時にいなければなりません。したがって、こうした口頭性はイマ・ココデを必要な条件にします。19世紀後半からは、この口頭性に新しい手段が生まれました。それが電話や放送や録音です。まず電話や放送を使うことで、ココにいない人たちに音楽を伝えることができるようになりました。また、録音技術のおかげで、イマいない人にも、また、遠くにいる人にも音楽を伝えることができるようになりました。そこで、イマ・ココデの原則による口頭性を第一次口頭性と呼び、新しい手段を使って、イツデモ・ドコデモ伝承が行える口頭性を第二次口頭性と呼びます。

　楽譜という書記性は、イツデモ・ドコデモの性質をもちますので、第二次口頭性に似ています。日本が19世紀に西洋音楽を導入し始めた頃は第二次口頭性が使えませんでしたので、楽譜という書記性が大きな役割を果たしました。しかし、音楽の多様な要素を全て記すことができる書記性（楽譜）はありませんので、多くの日本人が西洋社会に行って、第一次口頭性で音楽を学びました。日本の音楽についても同じです。確かに、日本には8世紀から楽譜がありますし、印刷楽譜も世界最古のものが残っています。しかし、それぞれの音楽様式をきちんと伝えてきたのは、良い師匠について、第一次口頭性で学んだ人たちだけでした。

　口頭伝承を受ける際に、聴いたものをそのまま覚える人もいます。しかし、その伝承の中で忘れてはならないものを、言葉や記号に置き換えて記憶するのは自然なことです。記憶のために選ばれるのは、それぞれの音楽様式の根本に関わる要素です。日本では演奏法の特徴や音色が根本的な要素と考えられて、それらが特定の言葉で表されてきました。これが唱歌（しょうが）です。そして、興味深いことに、それぞれの楽器の唱歌が一定の方針でまとめられ、それが多くの人に共有されることになりました。例えば、三味線の三の糸（一番高い糸）の開放弦を、撥を下して弾く音はテまたはテンと呼び、同じ高さの音でも、それが二の糸を押さえた音で弾かれたらツまたはツンと呼びます。テンとツンが含まれ

た旋律型を、この区別をせずに覚えても、三味線は弾けません。正確に言えば、たとえ音の高さを正しく弾いても、糸の違いから生まれる音色の区別が正しくなければ、旋律型としては認められませんので、一緒に演奏する人が混乱してしまいます。

　日本の三味線音楽を例にすると、そこにはいくつものジャンルがあり、それぞれのジャンルや、ジャンルの中の流派が、自分たちにとって使いやすい記譜法（楽譜の書き方）を工夫してきました。イロハによる縦書きの記譜法もあれば、数字を使った横書きや縦書きの記譜法もあります。三味線の唱歌(これを口三味線と呼びます)もジャンルによって多少は違いますが、その違いは記譜法の違いよりも小さいので、異なるジャンルの演奏家同士も唱歌を使えば話が通じます。

　唱歌は演奏のための指針です。そのため、演奏しないのに唱歌を覚える必要があるのか、と思う人がいるかもしれません。しかし、唱歌はすでに述べたように、それぞれの音楽にとって最も基本となる要素を取り出して覚えるものですから、唱歌の中に日本の音楽の基本的な姿が示されています。そのため、唱歌を身に付ければ、耳から入ってくる音を意味のある構造として聴き取ることができます。そして、多くのパートの唱歌を知ることは、スコアを読むのに似た行為になります。自分のパートだけを聴くのではなく、他のパートを聴く能力が身に付きます。

　唱歌はもともと第一次口頭性で演奏されたものです。文字に固定することもできますが、書かれたものからは、一つひとつの音の強さや微妙な長さが分かりません。そのため、書かれた唱歌を見るだけでなく、その唱歌を自分で声に出し、演奏することが必要です。

　ここに収められた映像によって（これが第二次口頭性の利点です）、自分で声を出してみてください。そうすると、音楽を学ぶ過程が分かり、そこから、音楽のつくり方が分かってきます。やがて、日本音楽はこのようにできているのだ、ということが次第に分かってきます。このことは、他の国の音楽についても言えることです。唱歌は日本でだけ使われているものではありません。私は『音楽理論の基礎』(笠原潔・徳丸吉彦（編）東京：放送大学教育振興会、2007年)の第13章を「「唱歌」の世界」として、日本の唱歌だけでなく、韓国の唱歌、インドの太鼓の唱歌、そして、西洋のソルフェージュを扱いました。ぜひ参考になさってください。

この教材の使い方

　この教材は、唱歌を軸にして、多様な切り口から捉えた日本音楽の指導を目指すもので、さらにはここから諸民族の音楽の指導につなげていくことも可能です。ここでは、教材の使い方について、その基本と具体例、そして関連する映像のチャプター番号を挙げていくことにします。

（1）本教材の唱歌の使い方の基本

　この教材の唱歌の使い方の基本として、大切にしたい点を挙げます。

❶ 唱歌をうたうことからはじめる
　唱歌は声に出してみてはじめて、音楽につながっていきます。唱歌の譜例を目で読んで理解するだけでなく、唱歌をうたうことを基本とします。

❷ 唱歌の模範演奏を体全体で真似しながらうたう
　唱歌をうたう際、ただ唱歌の楽譜を読みながらうたうのではなく、DVD映像にある模範演奏を体全体で真似しながらうたうことを大切にします。

❸ 唱歌は暗記することが基本
　唱歌は模範演奏を聴きながら覚えることが基本です。覚えて繰り返すことで、唱歌を通して日本音楽の音楽的特徴をつかむことができます。

❹ 楽譜は補助教材とする
　この教材では唱歌の楽譜をDVD映像ならびに解説書に数多く掲載していますが、楽譜は唱歌をうたったり唱歌のしくみを理解するための、あくまで補助教材として活用します。特に五線譜に訳した楽譜は、指導のはじめに子どもに見せてしまうと、リズムや旋律等の感じ方が本来のものと異なってしまう恐れもあるので、気を付けてください。

❺ 合奏曲の唱歌では、他の楽器の唱歌をよく聴きながら唱歌をうたう
　合奏曲を唱歌でうたうときには、他の楽器の唱歌をよく聴きながら合わせることを大切にします。

（2）表現ならびに鑑賞から捉えた唱歌の使い方

　この教材の「はじめに」で触れられているように、唱歌には音色や旋律、リズム（拍、間など）、奏法等、和楽器の音楽に関わる全ての要素が含まれています。そのことから、唱歌をうたうことで、日本音楽の音楽的特徴を理解し体験することができます。歌唱、器楽、音楽づくり・創作ならびに鑑賞における唱歌の使い方を見ていきます。

❶ 歌唱
- ❖ 唱歌をうたうことで「伝統的な歌唱」の発声の基本を身に付ける。
- ❖ 唱歌をうたうことで、音色や旋律、リズム（拍、間など）、装飾法（コブシなど）など日本音楽の音楽的特徴をつかむ。
- ❖ 各種目の楽器による合奏を唱歌に置き換えて表現することで、声によるリズムアンサンブルの表現活動が生まれる。

　💿 1-6,16　💿 2-10,19　💿 4-7,21　💿 5-5,7,14

❷ 器楽
- ❖ 唱歌をうたうことで和楽器それぞれの奏法を学ぶ。
- ❖ 他のパートの唱歌を聴きながら和楽器を演奏することで、アンサンブルを体験する。

🔘 1-7〜10　🔘 2-15〜20

❸ 音楽づくり・創作
- ❖ 唱歌を音楽づくりや創作の素材として生かす。

🔘 5-12

例：唱歌譜を絵かき歌のようにつくって歌う。

🔘 4-27

- ❖ 楽器の一部を手作りし、唱歌や楽器の音色に合わせた音をつくる。

🔘 1-13

❹ 鑑賞
- ❖ 和楽器の独奏曲や合奏曲の鑑賞では、唱歌を覚えると曲の音楽構造を耳から聴き取ることができ曲の理解を深める。

（3）題材例──唱歌から捉えた日本の楽器

唱歌から学ぶ日本音楽の題材例として、日本の楽器と唱歌の結び付きを種目横断により捉える題材例を挙げてみます。

❶ 太鼓の唱歌を比べてみよう

能、長唄、祭囃子で用いられる小鼓、大鼓、太鼓の唱歌をうたい比べてみて、その共通点や相違点を探すことで、日本の太鼓類と唱歌の関わりを捉える。

小鼓：🔘 2-7　🔘 4-20　　大鼓：🔘 2-8　🔘 4-19　　太鼓：🔘 2-9　🔘 5-3,9

❷ 横笛の唱歌を比べてみよう

雅楽の龍笛、能の能管、祭囃子の篠笛の唱歌をうたい比べてみて、よく似た楽器でも種目によりそれぞれの特徴があることを捉える。

龍笛：🔘 1-4　　能管：🔘 2-15　　篠笛：🔘 5-6

❸ 鉦の音の響きと唱歌

雅楽の鉦鼓、祭囃子の鉦の唱歌をうたい比べてみて、日本の鉦の音を唱歌がどのように表現しているかを捉える。

鉦鼓：🔘 1-9　　鉦：🔘 5-11

❹ 囃子のいろいろ

能、長唄、祭囃子の合奏を唱歌で演奏し、種目の違いによる楽器の音色やリズムの組み合わせの違いを捉える。

🔘 2-10,19　🔘 4-21　🔘 5-7

（文責：加藤富美子）

目次

はじめに──唱歌の重要性について　2
監修の辞にかえて──音楽の骨組みを唱歌によって把握する　4
この教材の使い方　6

第1部　唱歌を知る　11

1　唱歌・授業・伝統音楽　12

2　ことばからはじまる　13
1. 言葉・息・身体と唱歌　13
2. 掛声・囃しことば　16

3　唱歌と種目　17
1. 唱歌の機能　17
2. 唱歌における音楽的要素の表し方　18

4　唱歌を用いた音楽授業の可能性　20
1. 唱歌を授業に生かすには　20
2. 唱歌を用いた授業──幼稚園・小学校　22
3. 唱歌を用いた授業──中学校・高等学校　24

第2部　唱歌をいかす　27

1　雅楽　28

I　雅楽の魅力　29
1. 雅楽の歴史と種類　29
2. 雅楽の楽器と唱歌　29
3. 身近に使われている面白い雅楽の用語　30

II　雅楽の唱歌に挑戦してみよう　32
1. 管絃　平調《越天楽》　32
2. 管絃　平調《越天楽》──篳篥の唱歌と打物に挑戦しよう　38
3. 舞楽《陵王》　42
4. 舞楽を体験してみよう　44

2 能　46

I 能の魅力　47
1. 能とは　47
2. 能の音楽　48
3. 能の楽器と唱歌　50
4. 能の音楽のお稽古方法　53

II 音楽を軸に能を楽しもう　54
1. 《船弁慶》について　54
2. 能の囃子の唱歌と謡に挑戦しよう　57
3. 《船弁慶》を見てみよう　59
4. 譜例集　60

3 箏曲　68

I 箏曲の魅力　69
1. 箏曲とは　69
2. 箏の唱歌　72

II 箏の唱歌を覚えよう　74
1. 箏の唱歌の基本と代表的な奏法の唱歌　74
2. 余韻や音のまとまりを表す唱歌——《六段の調》の唱歌にみる演奏表現　76

III 箏の唱歌を授業に取り入れてみよう　80
1. 音楽科で箏・箏曲を取り扱う意味と育てたい力　80
2. 箏の唱歌を取り入れた授業実践　80

4 長唄　84

I 長唄の魅力　85
1. 長唄とは　85
2. 三味線について　86
3. 囃子（大鼓と小鼓）について　89

II 唄と三味線の唱歌を合わせよう——長唄《小鍛冶》　91
1. 教材選択について　91
2. 長唄《小鍛冶》について　91
3. 「伝えきく」を演奏してみよう　92
4. 〈拍子の合方〉（短縮版）を演奏してみよう　93

Ⅲ 大鼓と小鼓の唱歌を合わせよう——《石段の合方》　　95
1. 《石段の合方》について　　95
2. 教材としての《石段の合方》　　95
3. 唱歌を覚えて、手拍子で演奏してみよう　　96

5 祭囃子　　100

Ⅰ 《江戸囃子》の魅力　　101
1. 粋でいなせな江戸っ子の音楽　　101
2. 楽器の特徴と唱歌　　102

Ⅱ 《江戸囃子》を体験しよう　　105
1. 3つの唱歌でアンサンブル　　105
2. 授業の展開——小学校　　106

Ⅲ 獅子舞にも挑戦しよう　　108
1. 獅子舞《寿獅子》のここが面白い　　108
2. 獅子の動きを楽しもう　　110

Ⅳ 発展的な学習事例　　111
1. 幼小をつないだ「祭りだ　ワッショイ」——小学校2年生と幼稚園児　　111
2. 地域の文化に触れ、深める総合的学習——小学校中学年　　113
3. 自主サークルで〈屋台〉を演奏——小学校高学年　　114

もっと知りたい人のために　　116
DVDチャプター 一覧　　120
DVD映像収録／出演者・協力・制作　　124

おわりに——唱歌によって日本音楽と子どもたちを"つなぐ"　　126

第1部

唱歌を知る

1 唱歌・授業・伝統音楽

　日本の伝統音楽では多くのジャンルがそれぞれの唱歌をもち、演奏の習得に重要な働きをしてきました。一方、この唱歌を通した音楽の学び方は、日本の伝統的な音楽のみならず、音楽全般の学び方を広げることにもつながります。

　唱歌による音楽の学び方を学校での伝統音楽の学びに生かしていこうというのが、この項での提案です。具体的には「音楽を丸ごとつかむことからはじめよう！」「身体から身体への学びを大切にしよう！」などです。

　唱歌を使った学びとはどのようなものでしょうか。リズムや旋律や音色、そしてそれを表現するための奏法、奏法のための身体の使い方といった音楽表現の全てが唱歌の言葉のシラブルに置き換えられていることから、唱歌を歌うことで、音楽的な特徴をまず最初に丸ごとつかんでから音楽の習得に向かうことができます。学校の音楽授業では、教材を導入する際に、まず、音の高さ、リズムなどを理解する「知覚」から入ることが多く用いられますが、「唱歌」を使った我が国の伝統的な音楽の学びからは、教材を総体として丸ごと受け入れる導入方法を体験することができます。

　また、日本の伝統的な音楽の教授法では、唱歌を教えるときも楽器の演奏を教えるときも、いずれも師匠から弟子へと口伝えで教えられ、身体から身体へという学びが行われています。この点についても、学校における伝統的な音楽の指導で大切にしたいところです。

　次節以降、唱歌そのものの特質、唱歌による音楽の学び方の特質が詳しく述べられています。これらを参考に、「音楽を丸ごとつかむことからはじめよう！」「身体から身体への学びを大切にしよう！」が生かされていくとうれしいです。そしてそのことは、日本の伝統音楽のみならず、西洋音楽も含めた様々な民族の幅広い音楽的価値の理解に役立つでしょう。

（加藤富美子）

2 ことばからはじまる

❷-1 言葉・息・身体と唱歌

　『もこ　もこもこ』（谷川俊太郎／作、元永定正／絵）という素敵な絵本があります。「しーん」と静まりかえった空間に、地面らしきところから「もこ」「にょき」と何かが生まれ、やがて「もこもこ」「にょきにょき」と動き出し、大きくなり、「ぱく」「もぐもぐ」と食べられたかと思うと、「ぽろり」と転がり落ち、「ぷうっ」と膨らみ、「ぎらぎら」照りつけ、「ぱちん！」とはじけてしまいます。まだ言葉を話すことができない0歳や1歳の子どもが夢中になって想像の世界に遊びます。

　日本の絵本は、このような音の世界であふれていて、子どもは日本語のもつ語感に日々感性を刺激されながら成長していきます。例えば、「しーん」と言ってみてください。「しー」では、摩擦感のある空気が重ね合わせた歯の隙間を静かに流れ出し、「ん」になると、その流れがいったん止まって口中に飲み込まれ、一瞬にして音が無くなります。ですから「しーん」は、静寂を感じさせるのです。同様に「もこ」は、何か丸く膨らみのあるものが動き出すようなイメージがあります。日本語の個々の音は、発音する人の息や身体と一体化して固有の響きとなり、イメージを伴って伝えられるのです。

　さて「もこ　もこもこ」は、最初の「もこ」と次の「もこもこ」が組み合わさり、一つのリズム型を形成します。また、「もこ」と「もこもこ」の間には表現の仕方により様々な間が生まれます。「しーん」の場合、個々の人の息のスピードや長さが一定の時間の単位を生み出します。

　日本語のもつ言語的な性格は、発する人の息や身体と呼応し、固有の音楽的な特徴をつくり出し、豊かなイメージを伴って空間に響き渡ります。そしてこうしたことが全て唱歌を生み出す「もと」となっているのです。言葉を覚え始めた子どもが犬を見て「わんわん」と呼び始めたとき、その子はすでに唱歌の世界の扉を開け、日本音楽に浸り、楽しむ入り口に立っていると言えます。大切なのは、私たち周囲の大人がこの事実に気付くことでしょう。

　映像 ◎0-1 は、小学校1年生の音楽の授業ですが、ここでは、絵本『ちゃっくりがきぃふ』（桂文我／話、梶山俊夫／絵）の朗読をもとに、言葉と唱歌の世界を楽しくつなげることを試みています。

最初の部分は、さきちという若者が、お茶と栗と柿と麩を売ろうとして、それぞれの名前を短く「ちゃっくりがきぃふ」といった一まとめの売り声にすることを思いつき、街中を呼び歩くシーンです。さきちが「ちゃっくりがきぃふ」と叫ぶと、そのあとから子どもたちが面白がって「パッピ、プッペ、ポ」とつなげます。続いてチンドン屋が、「チャン、チキチィーン、ドドォーン」と、鉦や太鼓を鳴らしてやって来ます。たくさんの音色が入り交じった、ノリの良い楽しい音の世界であふれています。実際に声に出してみてください。

ちゃっくりがきぃふ　パッピプッペポ　チャンチキチィーン　ドドォーン

　画面からは、リズミカルな売り声に児童が反応し、息を合わせ、身体全体で声を響かせている様子が見て取れます。映像の後半では、「チャンチキ」の響きやリズムを楽しみつつ、奏法をも含め、伝統的な打ち物の世界に学びを広げています。

　このように、日本語を話し生活している日常的な営みは、日本音楽と本質的な部分でつながっているのです。このことは、授業づくりの大きなヒントとなるでしょう。

　さて、唱歌を唱えることは、身体の動きと密接に関わっています。唱歌のもつ発音特性やリズム感、抑揚は、身体の動きを誘発し、唱歌を発する身体は、唱歌のもっている音楽的な特徴を際立たせようと反応します。唱歌と身体は、相互に一体的に関わりながらより深く音楽を表現していきます。それ故に、唱歌を用いた学習においては、単にその言葉の響きやリズムを発するだけでは不十分で、唱歌が誘発する身体性を受け止めつつ音楽を捉え、表現していくことが大切になります。

　このことを太鼓の唱歌「ドンドンカカカ　ドドンコドン」を例に考えてみましょう。目の前に大きな和太鼓があると思って、唱歌を唱えながら元気よくたたくことをイメージしてください。

　最初の「ドンドン」は、太鼓の中央を打ち込みますね。次の「カカカ」のときはどうでしょうか。そう、枠打ちになりますね。また、「コ」は「ドン」と同様に中打ちですが、「ドン」よりも弱く、響きも短く軽い感じにしたくなることでしょう。このように唱歌を唱えて演奏しようとすると身体が自然に反応してくるのです。

　この太鼓をもっとエネルギッシュに打とうとすると身体の動きはどうなるでしょうか。

ソーレ！　ドンドンカカカ　ドドンコドン　ヤー！

　まず、重心を低くし、桴（ばち）を両手に構え、「ソーレ！」で片方の腕を上方に勢いよく持ち上げます。このとき、身体は反り上がり、一瞬の息の間をお

いて最初の「ドン」が打ち込まれます。

　映像 ◉0-2 は、唱歌により太鼓を学んだ児童がグループ発表をする場面です。ここでは実際に太鼓を打つのではなく、「ドンドンドンドンドーンコドン」「ドンドカッカドンドカッカ」など、唱歌を口ずさみながら所作を模していますが、その行為に身体が同調し、実に楽しい表現を生み出しています。これにより子どもたちは、リズムや音色、奏法だけではなく、仲間と息を合わせて太鼓の音楽全体のニュアンスを表現することに成功しています。

　このような身体と一体となった唱歌の有り様は、様式化された音楽においては、一層顕著になり、表現の質の深さに直接的に関係していきます。

　箏の唱歌「コロリン」を例に考えてみましょう。「コロリン」は、連続する３つの弦を上から順に弾く奏法で、右手親指により手前の弦から前方に向けて奏されます。これは「コロリン」と発音したときの転がるようなイメージと連動しています。映像 ◉0-3 では、ゲストティーチャーである演奏家が、「コロリン」の奏法を学ぶ児童に対して、「指だけで弾くのではなく、身体で弾いてみよう」と呼びかけ、「腰をぐっと前に」、「身体で」、「少し前にいってごらん」と指示し、「息を吸って」唱歌を歌いながら箏を弾かせています。「身体で弾くと、音が違ってくる」という言葉が印象的ですが、こうした指導により、児童の演奏は一段と深みを増しています。

　映像 ◉0-4 は能管（のうかん）の例です。ここでは唱歌と身体の関係について、その重要性が一層理解できます。能管による《中ノ舞（ちゅうのまい）》の曲が、単に唱歌を歌った場合と息遣いを強く意識して歌った場合との比較をされつつ演奏されます。後者においては、特に息遣いがポイントで、どこの拍で息をするのか、どこで間をつくり、緊張感をもった音の無い時間をつくり出すのかといった点が強調されています。

　このように考えると、唱歌というのは、単に楽器のリズムや旋律を記憶したり、奏法を理解したりするためのものということを超え、それを息や身体と一体化させて歌うことにより、日本音楽の表現そのものを捉えることのできる魔法の装置であると言うことができるのかもしれません。

　唱歌は日本語から生まれ、言葉の特性を丸ごと抱え込みながら、日本音楽を表現するために古くから用いられてきました。日本語を話す人々にとって、音楽をする際の極めて自然な行為として生まれ、次第に様式化してきたものと思われます。

　唱歌を歌いながら音楽を学ぶ学習は、言葉と身体に内在している音楽性を引き出し、表出する行為そのものとも言えるでしょう。そしてそれは日本の子どもにとって特別な行為ではなく、むしろとても身近な営みなのです。

（伊野義博）

❷-2　掛声・囃しことば

　言葉を使った表現には「掛声」や「囃しことば」もあり、「唱歌」が器楽の伝承や学習の際に重要な役割を果たすのに対して、掛声や囃しことばは実際の演奏の場で活躍します。この教材の能や長唄では、小鼓、大鼓、太鼓の演奏で「ヨオ」「ホ」「ハオー」など様々な掛声が聞かれます。日本音楽では、掛声は演奏のタイミングを整えるというとても重要な役割を果たします。しかも、唱歌とは異なり、掛声は演奏時に発せられ、その声の響きが能や長唄を彩り、一つのパートとしても機能していると言えましょう。

　雅楽や地歌などを除く様々な伝統音楽の楽器でそれぞれ固有の掛声がありますが、そのような専門家による音楽の場に限らず、掛声は私たちの日常生活の中でも用いられます。子どもたちが遊びや練習などで声を合わせて歌い始める際、「一、二、三」などと拍を示すよりも、「せーの」と言う方が多いのではないでしょうか。また行事や会合などで行われる手締めでは、主導役の人が「お手を拝借」などと前置きして、まず「よー」と言ってから、みんなで手打ちをするのが一般的ですね。これらも全て掛声です。拍をカウントしなくても、なぜかみんなの息がぴったりと合って唱和できるのです。実践では掛声とともに小鼓や大鼓をエアで打ってみることができます 💿0-5 。

　もう一方の囃しことばは、主となる歌い手に対して周囲の人々が「どっこいしょ」「こりゃこりゃ」などと唱和し、歌い手を囃し立ててその場を盛り上げ、一体感を強化するもので、民謡でよく用いられます。そもそも能や長唄などの「囃子」とは、「囃す」に由来し、歌謡や演技、舞、祭礼を際立たせ、盛り上げる役割を果たすものです。これに対して囃しことばは楽器とともに、または言葉のみで囃すものです。囃しことばは簡単で親しみやすく印象的な語を反復することが多いため、とても覚えやすく、誰もがすぐに唱和でき、民謡ではとても重要な要素の一つです。《八木節》では参加者が囃しことば自体を踊りとともに楽しむことから「スッチョイ（三返）サー」といった言葉の他に、「小原庄助さん、なんで身上潰した〜」と《会津磐梯山》から借用するなど、地域により様々な言葉が用いられています。このような囃しことばの即興性を反映させ、また盆踊りの動きを取り入れた実践も行われています[1]。

　楽器は無くても、唱歌や掛声・囃しことば、そして踊りという、「こえ」と「動き」で伝統音楽を丸ごと楽しむことができます。例えば《花笠音頭》の場合、歌に掛声や三味線などの囃子が加わり、そして花笠を持って踊りますが、授業では花笠を学習者自身で作り、囃子の唱歌も考えて歌い、踊ることもできます 💿0-6 。

（澤田篤子）

---

1) 洞孔美子（2017）「特別支援学校創作《八木節》」日本学校音楽教育実践学会編『日本伝統音楽カリキュラムと授業実践』東京：音楽之友社、104-107 頁。

3 唱歌と種目

❸-1　唱歌の機能

　唱歌は、楽器で演奏するフレーズを覚えるために、決められたシラブルを唱えたり歌ったりするものです。楽器を演奏するときには、自分が出すべき音を理解し、その音が楽器から正しく出るように、適切な身体運動を行う必要があります。唱歌は、音の認識や記憶を助け、同時に、その音を出すために必要な身体運動について想起させる機能をもっています。唱歌のシラブルは文字として書き記すこともありますが、師匠が歌ったり唱えたりする音声を聴くことで、フレーズを覚えていく点に特徴があります。

　唱歌の機能についてより詳しく説明する前に、唱歌を用いない場合を考えてみましょう。例えばピアノを弾くときに、熟練者は楽譜を見るとすぐにそれを音にすることができます。これは長年の訓練の結果、楽譜から瞬時に弾くべき音の高さを確認し、その音を出すために鍵盤のどこに手を置きどの指を使って弾けばよいか、次の音を弾くためにはどの指を使うのか、そのためには手をどういう形で広げればよいのかなどの情報を短時間に判断することができるからです。しかし、初心者の場合には、まず楽譜を見て音の高さを確認し、次にその音を出すために必要な運動を一つずつゆっくり考えないと音を出すことができません。鍵盤の位置を確認するだけでも時間がかかります。リコーダーであれば、音の高さを理解した後に、その音を出すためには、どの指孔を押さえるのかを判断する必要があります。初心者が楽譜の音符にドレミを書き込むのは、音の高さを確認することが、楽器を弾く上で最も重要だと感じているからでしょう。一方で、音の長さについては、「タン　タン　タン　（ウン）」「タン　タタ　タン　（ウン）」のようにリズムを言葉で確認するやり方がよく用いられます。「タン」は四分音符、「タ」は八分音符、「ウン」は休符というように、音の長さによって言葉の言い方を変えて覚える方法は広く行われています。

　上記の例から分かるように、通常、私たちが楽譜から情報を得るときには、音高、音価などをそれぞれ独立した要素として認識し、さらに強弱（音量）や音色などの要素も楽譜から読み取って、それらの情報を組み合わせて音をつくり出していきます。

　これに対して、唱歌は師匠が唱えたり歌ったりする声から、一度に多くの音楽要素を受け取ることができます。唱歌で使われるシラブルが、実際に出

す音の音色を連想させ、また、音の高さや長さ、強さやテンポの変化などは師匠の声によって表されているからです。楽譜から一つひとつの要素を読み取るのとは違って、唱歌では自分が出すべき音の情報が、一度に全体として提示されるのです。

　楽器を覚えるときに唱歌を用いるのは日本だけではありません。太鼓などの打楽器に関しては、世界の多くの地域で唱歌が使われています。打楽器の場合に唱歌が使われることが多いのは、旋律楽器ではないため、音高よりもリズムや音色などが重要だからでしょう。他にもバグパイプや、韓国の管楽器のピリ、弦楽器のコムンゴなどは唱歌が使われています。日本の場合には、管楽器でも弦楽器でも唱歌が積極的に使われていますが、これは音色や響き、間(ま)、テンポの変化などが、音の高さや長さと同じように重要な要素と考えられているからだと思われます。

❸-2　唱歌における音楽的要素の表し方

　では唱歌で用いられるシラブルは、どのようにして音色や響きを表しているのでしょうか。複数の研究者が指摘しているのは、唱歌で使われる子音と母音が、楽器で奏する音の特徴と結び付いているという点です[2]。常に当てはまるわけではなく、例外もありますが、母音に関しては、「イ」は高い音の響きを表すことが多く、「エ」「ア」「ウ」「オ」の順に響きが低くなっていく傾向にあります。また、「ア」や「オ」の母音は音がフラット（平ら）に始まるのに対して、「イ」は音の開始時に音高変化が伴うことが多いこと、「ア」は音量が大きく広がりのある音に対して用いられることなどが指摘されています。

　具体例を見てみましょう。雅楽の《越天楽》冒頭の篳篥(ひちりき)の唱歌は「チラロルロ」と始まりますが、龍笛(りゅうてき)の唱歌は「トラロルロ」です。唱歌の最初の音が、息の吹き込み方の違いを表しています。また、上記の説明と厳密には一致しませんが、「イ」や「ア」が高い響きを表し、「オ」や「ウ」が低い響きを表しています。三味線の場合、低い弦の開放弦の唱歌は「トン」、低い弦の勘所(かんどころ)音は「ツン」、高い弦の開放弦は「テン」、高い弦の勘所音は「チン」で、2本の弦を同時に弾く重音のときには「チャン」または「シャン」と言いますので、上記の原則がうまく当てはまります。

　子音に関しては、「p」「t」「k」「b」「d」「g」は鋭い音を表すために使われることが多く、最初の3つの子音が相対的に高い響きを、後半の3つの子音が低い響きを表す傾向にあります。例えば「ポン」と「ドン」という2つの音は、響きが違って聞こえます。三味線では撥で弾く音を表す唱歌には「t」が使われるのに対して、スクイやハジキという奏法で弾く音を表すときには「r」を使うことで音の響きを区別しています。雅楽の唱歌でフレーズの最初の音には「t」が、2つ目以降の音には「r」が使われることが多いのも、微

細な音の響きを表しているのかもしれません。能管の唱歌では、「ヒ」や「ヒャ」という音がよく使われますが、このように子音を伴う場合には、音高の揺れや、息の音を伴うことが多く、「オ」や「ウ」のような母音の唱歌とは音の出し方が異なります。

　管楽器の場合には、指孔をどのように押さえるかが演奏に際して重要な情報となります。笙や尺八、能管では、唱歌が指孔の押さえ方を表すため、唱歌を覚えることはスムーズな演奏のための近道となります。このDVDには尺八が含まれていませんので、 表1 に尺八の基本的な運指と唱歌の関係を示しておきます。音を出さない休止（間）を示すことができるのも唱歌の特徴です。長唄囃子や江戸の祭囃子では「ス」という唱歌が休止を表します。能の囃子では音を出す前に「コミ」と呼ばれる間合いを取りますが、唱歌を言うことで、コミを取る箇所も確認することができます。また、能の囃子ではリズムフレーズが8拍単位で構成されており、唱歌はこの拍の単位を確認する役割ももっています。

　箏や三味線などの弦楽器では奏法と唱歌の関連が密接です。箏の場合には「シャシャテン」「コロリン」「サラリン」「トンカラテン」などの唱歌を聞くと、演奏者はすぐに手の動きをイメージすることができます。また「コロリン」と言うか「コーロリン」と言うかで次の音を弾くタイミングを確認することができます。

　ポルタメントのように少しずつ高さを変化させる技法や、テンポの微妙な揺れは、楽譜に書き表すことが難しい要素ですが、唱歌を声に出して歌うと、これらの変化の様子も容易に理解することができます。日本の音楽は、全般的に微細な音の変化を好む傾向にあります。唱歌が発達したのは、このような音の好みとも関係しているのでしょう。
　　　　　　　　　　　　　　　　　　　　　　　　　　　　　　（小塩さとみ）

2）吉川英士（1974）「唱歌（楽器旋律唱法）の歴史と原理と機能——三味線と箏の唱歌を中心として」（『武蔵野音楽大学研究紀要』第7号 1-23頁）、川田順造（1988）『聲』（東京：筑摩書房）、HUGHES, David W. 2000 "No Nonsense: The Logic and Power of Acoustic-Iconic Mnemonic Systems"（*British Journal of Ethnomusicology* 9（2）：93-120）など。

表1　尺八の運指と唱歌　　　　　　　　　　作成：小塩さとみ

指孔	ロ	ツ	レ	チ	リ	ヒ
5(裏)	●	●	●	●	●	○
4	●	●	●	●	○	○
3	●	●	●	○	○	○
2	●	●	○	○	●	○
1	●	○	○	○	●	●
唱歌	ロ	ツ	レ	チ	リ	ヒ

唱歌を用いた音楽授業の可能性

❹-1 唱歌を授業に生かすには

　学校における音楽の授業は、教科（音楽科、芸術科）の目標の実現を目指して行われます。この点は和楽器や日本の伝統音楽を教材として扱う場合も同じです。和楽器の演奏を体験することだけでは、また、日本の伝統音楽を聴くことだけでは、目標の実現を目指す授業とは言えません。

　そこで、授業において大事にしたいことは、全ての児童生徒が「自らの感性を働かせて、和楽器や日本の伝統音楽の特徴を捉え、良さや面白さなどを感じ取ること」です。その上で、「A 表現」領域の活動で和楽器を用いる際は、扱う楽器や音楽の持ち味を生かした表現をするため、表現の仕方や奏法をいろいろと工夫する過程を大切にします。そして「私は、このように表したい」といった思いや意図を膨らませることと、楽器の基礎的な技能を習得することが、相乗的に結び付くように指導します。

　また「B 鑑賞」領域の活動では、教材として扱う伝統音楽の種類や曲ならではの音楽的な特徴を理解して、その特徴を、音楽の背景にある文化や歴史などと関連付けて考える過程を大切にします。そして「私は、この音楽にはこのような価値があると思う」といった思考・判断をしながら、味わって聴くことができるように指導します。

　こうした授業を展開することが、教科の目標の実現につながりますし、結果として、伝統音楽の継承と創造的な発展にも資することになります。

　唱歌は、端的に言えば、和楽器の音を日本語の響きで表したものです。古くから和楽器の伝承方法として用いられ、楽器の種類などによる違いはありますが、奏法や音楽的な特徴、例えば、旋律、リズムはもとより、音色や響き、間、強弱などについても日本語の語感を用いて表します。

　このような唱歌の特徴を生かすことができるように、授業の中で唱歌を扱うことが重要です。その際、児童生徒が和楽器や日本の伝統音楽の特徴を捉え、良さや面白さを感じ取れるようにすることを常に意識してください。そうすることによって、和楽器や日本の伝統音楽に対する児童生徒の関心を高め、表現活動では、その持ち味を生かした表現の工夫を促し、鑑賞活動では、音楽的な特徴の理解を促します。

例えば、ある小学校での《さくらさくら》を箏で奏でる授業[3]では、「（箏の糸）七－八－九－八－　七－八七六－」を演奏する場面で、「ツンテンチンテン　ツンコロリン」の唱歌を歌いました。児童が、言葉のつながり方や強弱などを変えて歌うと雰囲気が異なることに気付いた後、「どんなコロリンがいいか」という課題意識をもって箏に触れました。唱歌の語感を様々に試しながら、例えば「ツン」の後の間合い、「コ／ロ／リン」の3つの音のニュアンスなどを感じ取り、それに合った箏の表現を工夫しました。

　この例のように、唱歌を用いて音楽の特徴を捉え、雰囲気などを感じ取り、それを大切にして表現を工夫する授業は、単に演奏技能を身に付けて、音を間違えないように演奏するだけの活動よりも学習としての深まりがあります。

　また、ある中学校での雅楽《越天楽》を鑑賞する授業[4]では、まず、篳篥の唱歌を歌うことによって《越天楽》の旋律を覚えました。その上で、篳篥と龍笛それぞれの音高がどのように変化していくかについて、線や言葉を自由に記入する学習カードを用いながら聴き、雅楽に特有の楽器同士の音の関わり合いに対する関心を高めていました。鑑賞後には、生徒から「一音一音を重視し、音色を引き立たせる旋律は、ずれることによって味を出し、模様を織り込んでいるように感じる」、「何層にも曲が感じられ、荘厳さを醸し出している」、「一つひとつの楽器の音色の違いが分かって、それぞれ主張しているみたいで、日本の美を感じることができた」といった意見が出されました。

　この例のように、唱歌を用いて音楽の特徴を捉え、雰囲気などを感じ取り、それを手がかりにして音楽全体を聴き味わう授業は、単に曲を聴き、その感想などを自由に述べ合うだけの活動よりも学習としての深まりがあります。

　さて、日本の伝統音楽は、音や音楽に対する日本人の美意識、日本語を用いた生活、日本の自然や風土などに根差しており、文化や歴史の中で育まれてきた音楽です。これらを教材として扱うことで、本来的にもっている音や音楽に対する感覚を顕在化させ、自分自身の「よりどころ」を見いだすことは意味あることです。さらに視野を広げ、異なる文化にも敬意を払い、世界の人々と共存していくことのできる態度を養うなどの視点は、グローバル化が急速に進む社会において重要度が増しています。音楽と日本語が深く結び付いた唱歌を用いることが、こうした視点も大切にした音楽の授業の充実につながっています。

（大熊信彦）

3）大熊信彦（2017）「子どもが「音楽のよさや楽しさ」を実感できる授業づくり」『季刊 音楽鑑賞教育』Vol.29、音楽鑑賞振興財団、32-35 頁。
4）大熊信彦（2009）「中学校音楽科の授業改善について――新学習指導要領の趣旨を生かした授業づくり」『中等教育資料』No.883、文部科学省教育課程課、80-85 頁。

❹-2　唱歌を用いた授業──幼稚園・小学校

（1）幼稚園児〜小学校低学年

　この時期の子どもたちの素晴らしいところは、なんといっても面白いなと思ったら、すぐにその世界に飛び込むことができることです。「ドンドコドン」「シューポッポ」「ポコポンポン」など、オノマトペにして大人が遊ぶと、幼児はすぐに一緒に口ずさんで楽しみますね。実は、このような体験が、日常の生活の中の音を体丸ごとで受けとめる重要な学びであり、唱歌を用いた学習の一歩と言えます。

　また、地域の祭囃子は必ず聞こえてくる音楽ですし、夢中になって祭りを盛り上げる大人の姿も目にします。それは、子どもたちにとって貴重な学習材になります。実際に練習やお祭りの様子を見ることができたら一番ですが、音源やDVDなどで、子どもたちと共にお祭りを楽しみましょう。この本の中では、《江戸囃子》を取り上げていますので、参考にしてください 🄍5-1 。

　「天テレツクツク　天スケ天　イヤ」、先生が締太鼓の唱歌を口ずさむと、子どもはすぐに真似し始めます。映像を見ながら合わせてもいいですし、太鼓の代わりになる桶、タイヤなどを打ちながらやってみるのもいいですね。子どもは真似っこの天才ですから、あっという間に唱歌を覚え、演奏家に変身します。また、秋祭りなどの行事に合わせて、神輿や獅子づくりなどと組み合わせて、保護者や地域の人と一緒に活動を考えてみるのもいいでしょう 🄍5-17 。本物の演奏やDVDなどの力を借りながら、子どもたちは、生き生きと唱歌を唱え、その世界を存分に味わうことができると思います。

（2）小学校中学年

　中学年になると、仲間と共に夢中になって活動に没頭できるようになります。ぜひ、様々な唱歌に触れ、アンサンブルを楽しんでみましょう。

　例えば《江戸囃子》には、締太鼓・大太鼓・篠笛・鉦の4つの楽器が用いられ、それぞれに唱歌があります。全部の演奏ができなくても、唱歌でアンサンブルすると、ワクワクして、お祭りの中にいる気分になります。なかには、笛の唱歌を唱えながら、締太鼓の手を打てる子もでてきます。日本の伝統音楽では、そのジャンルに関わるどの楽器も学ぶことが多いですが、唱歌でアンサンブルをしていく中で、自然に体に染み込んでいくのだと思います 🄍5-12 。

　また、能や歌舞伎の囃子を紹介するときに、「お雛様はどんな楽器を持っているかな？」と声を掛けると、お囃子が一気に身近に感じられるようになります。長唄の囃子では、《石段の合方》を取り上げました。「チリカラチリトト」「スットンスタスタスットン」という小鼓の唱歌は、とても心地よく響きます。面白いと感じたら、大鼓も入れてアンサンブルにしましょ

う。子どもは少し難しい課題に向かうことも好きですから、慣れたらぜひ、《石段の合方》の演奏や映像を鑑賞してみましょう。一緒に唱歌を唱えれば黒御簾(くろみす)の中で演奏している気分になり、ワクワクするに違いありません🔴 4-16。

　もう一つ、この時期の学習で大切なのは、質のいい演奏に出会わせることです。本物の音楽に出会うと、子どもの演奏はぐっとジャンプします。演奏者の姿勢や奏法、音色、丸ごとを受け止め、追求しようとするからです。《さくらさくら》の「コーロリン」の場面をご覧になると、よくお分かりになると思います🔴 3-4。

　一人ひとりがお気に入りの楽器を見つけ、仲間と共に好きな曲を発表し合うのもいいですね。唱歌だけのアンサンブルでも、日本音楽の面白さを十分感じ合うことができます。「フ　ヨーイ」「イヤ」「ハオ」など、お腹から掛声を出せば、みんなの息もぴったりです。基本を学んだら、音楽づくりへと発展させるのも面白いでしょう。

(3) 小学校高学年

　高学年では、社会や国語など他教科と関連させると、さらに音楽の世界が広がります。《越天楽》の学習では、絵巻や古典から当時の文化を知るのもいいでしょう。紙やタピオカのストローで舌(ぜつ)を作ってみると、清少納言が「いとかしまし」と書いた篳篥の音を実感することができます🔴 1-13。膝でゆったりとした拍を感じて打ちながら、「チーラーロヲルロ」と歌っていると、タイムスリップした気分になります。また、国語で狂言を扱うときには、能にもぜひふれたいものです。「その時、義経少しも騒がず」とお腹からたっぷりと謡い、小鼓の唱歌と合わせると、まるで当時と今の世界を往還しているようで、伝統が生き続けていることを実感します🔴 2-13。

　能や雅楽にふれることは、その時代の文化や人々への興味を広げ、さらに日本と世界のつながりを考える糸口にもなります。楽器のルーツを探ってみたり、素材や作り方を調べたりして、一枚の新聞にまとめるのもいいですね。

　このように、唱歌から出発した音楽学習を積み重ねることは、子どもたちが、今を生きる「私」を見つめ、「日本」を様々な視点から捉え直すきっかけになるかもしれません。どうぞ、長いスパンで、繰り返し伝統音楽にふれる機会を構想してみてください。

　　　　　　　　　　　　　　　　　　　　　　　　　　　　（猶原和子）

❹-3　唱歌を用いた授業——中学校・高等学校

　ここでは、高校・大学の実践事例からいくつかご紹介しますが、いずれも校種を問わず取り組むことができます。唱歌を手がかりに、伝統音楽の扉を開きましょう。

　「ドンドコドン」といったら何の楽器を想像するか尋ねてみると、ほとんどの生徒が「太鼓」と言います。さらに「ドンドン　カッカッ」と言うと、太鼓の皮面の中央と枠を打ち分ける姿がイメージされるようです。このように唱歌ということばを知らなくても、いつの間にか親しんでいるのが打楽器の唱歌かもしれません。一口に太鼓といっても、様々な種類がありますが、ここでは歌舞伎囃子で用いられる締太鼓と祭囃子で用いられる鉦の唱歌に親しみ、わらべうたと合わせる活動を紹介します。

(1) 締太鼓・鉦の唱歌とわらべうたを合わせる

❖ 締太鼓の唱歌「テーンテーン　スッテンテン」「スッテンテレツク　ツテンテン」などよく使われる手をいくつか示し、唱歌を言いながら腕を桴に見立て、エア締太鼓を打つ。

❖ 鉦の唱歌「コン　コン　コンチキチ」などよく使われる手を示し、唱歌を言いながらエア鉦を打つ。

❖ 《なべなべそこぬけ》《ほたるこい》などのわらべうたに合うように締太鼓と鉦の手の組み合わせを工夫し、唱歌で合わせる。

　締太鼓と鉦、わらべうたの3つの組み合わせを考えるのが難しいようであれば、わらべうたと締太鼓だけで合わせても十分に楽しめます。大事なことは、締太鼓で実際に演奏されている手を用いることです。西洋音楽のリズム伴奏の感覚でわらべうたに締太鼓を添えても、単に締太鼓を使ってみたというだけで学びの内容が深まりません。

　また、わらべうたの旋律を篠笛で演奏するのもお勧めです。フルートやリコーダーとは異なる日本の笛の持ち味を生かした表現を工夫する学習につながり、日本的な味わいが増すでしょう。

(2) 長唄を歌ってみよう

　唱歌は普段の話し声のような自然な発声で、それぞれの楽器の音色や奏法、間合いなどを伝えるものですが、唱歌の日本語の響きは長唄などの伝統的な歌唱につながっていると言ってよいでしょう。

　長唄は、三味線の旋律と拍子に寄り添いながら唄が歌われますが、「語り物」の要素が入ってくるところでは音楽から離れてセリフのように発声します。

長唄《供奴》の冒頭「してこいな」や「みはぐるまいぞや合点だ」などは、歌舞伎役者になったつもりでかっこよく決めると、授業が大いに盛り上がります。

唄の部分は、お手本をまず真似することです。ことばがどこで伸びているのか、音の動きが上がるのか下がるのか、何回もよく聴いて、しっかり声に出すことです。自分の感覚を総動員してその歌い方に近づくようにする過程に大きな学びがあります。

また三味線を実際に弾くことはなかなか大変ですが、譜面に書かれた唱歌を頼りに三味線の旋律を歌ってみましょう。模範演奏を聴きながら何回も歌って三味線の音色に親しんでください。慣れたら、三味線の唱歌担当と唄担当に分かれて一緒に合わせてみましょう。唄と三味線の関わりを意識しながら歌うことが重要なポイントです。

（3）掛声の体験

小鼓や大鼓、太鼓の演奏の際、「イヨ」「ホ」「ハオー」などの掛声を掛けますが、このような掛声も唱歌に含まれます。奏者の声の表情や間の取り方によって味わいある表現が生み出されます。掛声は音楽の流れをつくり、音楽表現を生み出す重要な役割を担っているのです。授業でもぜひ挑戦してみたいものです。

「タ ポン ホ ポン スポポン」は小鼓の「三番地」の唱歌ですが、詳しくは「タ」を打つ前に「イヤア」の掛声が入り、「ポン」を打った後に「ホ」と掛けます。掛声も含めて書くと「イヤ タ ポン ホ ポン スポポン」のようになります。

この「三番地」は一度聴いたらすぐに覚えられるので教材としてお勧めです。高校生や大学生の多くは掛声を恥ずかしがりますが、何回も唱えてエア鼓で打つ動作になじんでくると、その掛声がしっかりしたものになり、独特の雰囲気が生まれて、そこに意味を感じていくように思われます。

長唄《雛鶴三番叟》の〈三番叟の合方〉は小鼓の「三番地」の繰り返しなので、誰もが無理なくできるものです。そして掛声を伴った繰り返しによって生まれる拍子感と独特の雰囲気を味わうことができると思います。三味線の唱歌は調子よく覚えやすい旋律なので、授業の終わりには大体口ずさめるようになります。掛声を伴った小鼓と三味線それぞれの唱歌を合わせる教材として最適です。

以上ご紹介した例で大事なことは、本来用いられているものを教材としていることです。表現と鑑賞を関連させ、唱歌を手がかりに生徒の中に内在化している日本の音楽を聴く耳を育てることは、世界の異なる文化を尊重する態度にもつながると考えます。

（寺田己保子）

第2部

唱歌をいかす

1 雅楽

管絃（吹物と打物）

唱歌の稽古

舞楽《陵王》

本章の ねらい

　本章は、雅楽の中から、器楽で演奏する管絃《越天楽（越殿楽）》と、舞を伴う舞楽《陵王》を取り上げ、唱歌を中心に、楽人（演奏：伶楽舎）のお手本と小学生による実践例を紹介します。

　管絃《越天楽》では、吹物の三管（笙、篳篥、龍笛（竜笛））の唱歌とその楽器演奏を聴き比べてみましょう。楽器演奏ではより多くの装飾が付くなどして、唱歌と全く同じ旋律ではないことを発見できるでしょう。さらに、篳篥の唱歌を歌いながら三鼓（鞨鼓、太鼓、鉦鼓）の打物を真似したり、代わりの楽器で合奏したりすると、雅楽特有のゆったりしたリズムやアンサンブルの仕組みも体感できるでしょう。

　舞楽《陵王》では、出手〈陵王乱序〉の舞を、打物のリズム「ドーン／テーン／スッテン／テン」に合わせて舞ってみましょう。龍笛がカノン奏法で追いかけっこのように吹く追吹も、唱歌で歌ってみると、思いがけない音の重なりの面白さを体感できます。体丸ごとで、雅楽の世界を味わってください。

Ⅰ 雅楽の魅力

Ⅰ-1 雅楽の歴史と種類

　雅楽は、約1300年もの歴史をもつ芸能で、主に平安貴族の雅な宮廷楽として発達し、神社や四天王寺などのお寺でも伝承されてきました。雅楽は元々、神様や仏様に捧げる音楽として演奏されてきたので、うれしい、悲しいなどの人の感情を表現するものではありません。風の音に耳を傾けたり、夜空の星に見入ったりするのと同じように、あるがままに聞こえてくる音をそのまま受け止めて味わいましょう。

　雅楽には、①5～9世紀に中国大陸や朝鮮半島などのアジア各地から伝来した音楽舞踊を起源とする舞楽（左方、右方）や管絃、②日本古来の儀式用の国風歌舞の御神楽、東遊、久米舞など、さらに③平安時代に新しくつくられた催馬楽、朗詠の謡物（歌物）の3種があります。

　これらの雅楽については、『源氏物語』や『枕草子』をはじめ、様々な文学作品においてたくさん描写されています。『今昔物語』や『陰陽師』に登場する管絃の名手の源博雅（918～980）のエピソードも面白いので、ぜひ読んでみてください。

Ⅰ-2 雅楽の楽器と唱歌

（1）吹物・弾物・打物

　雅楽の楽器は、演奏法によって吹物・弾物・打物の3種に大別され、唐楽の管絃（器楽合奏）である《越天楽（越殿楽）》には次の楽器が使われています。①吹物は三管から成り、笙は鳳凰が住む「天」からの声、篳篥は人の住む「地」の声、龍笛（竜笛）は天と地を行き交う竜の声を表しており、3つが合奏され小宇宙（ミクロコスモス）を表すと考えられています。②弾物には琵琶と箏があります。江戸時代に発達した箏曲の箏と区別するときは、雅楽の箏を楽箏、箏曲の箏を俗箏と呼ぶこともあります。③打物には、指揮者の役割の鞨鼓と、リズムパターンの節目を示す太鼓、そして唯一の金属楽器の鉦鼓の三鼓があります。

　この他にも、高麗楽用の高麗笛や三ノ鼓、謡物用の笏拍子など様々な楽器があります。

（2）唱歌と楽譜

　唱歌とは、元々雅楽の用語で、楽器の旋律を唱え歌うことです。雅楽では古くから記録用に楽譜もありましたが、現在の宮内庁式部職楽部の楽生の養成でも、まず吹物の唱歌をしっかり覚えてから初めて楽器を持って奏法を習うほど、唱歌を大切にしています。

　譜例 1-1 の《越天楽》では、笙の唱歌は漢字で、篳篥と龍笛の唱歌はカタカナで行中央に大きく記されます。以下に、譜例 1-1 の主な用語や記号について紹介します。

❖ 平調
6つある雅楽の調子（旋法）の一つで、基本音はおよそ E。《越天楽》には平調の他、黄鐘調（基本音はおよそ A）と盤渉調（基本音はおよそ B）のバージョンがある。

❖ 小曲
曲の規模を表し、大曲、中曲、小曲がある。

❖ 拍子と小拍子
拍子は太鼓のリズムパターンの周期のことで、大きい黒丸●で主要な打音の位置を示す。小拍子は小節の頭を表し、小さい黒丸・で示す。

❖ 早四拍子
早とは、1 小節（小拍子という）が 4 拍からなるリズム。四拍子とは、一つの拍子（太鼓のリズムパターン）が、4 小節からなることを示す。

❖ 拍子八
《越天楽》では、1・2 行目のみを演奏する場合、拍子（太鼓のリズムパターン）が 8 回繰り返されるので、太鼓の大きい黒丸●が 8 回出てくる。

❖ 末二拍子加
最後の二つの拍子で、打物のリズムパターンが加拍子という形に変わること。

❖ 二返
その行を 2 回繰り返し演奏すること。

❖ 重頭
楽曲を繰り返すときに加えられる旋律。重頭を経て曲頭に戻る。後度十二とは、重頭から曲末までの拍子（太鼓のリズムパターン）が 12 となること。各行に拍子が二つずつで、計 12 となる。

❖ 指孔譜
篳篥と龍笛の唱歌（カタカナ）の左側の漢字は、指孔名を示す。

❖ 息継ぎ（ブレス）
「／」は、文字の途中で息継ぎ後、産み字を出す。「―」は、次の文字に移る際に息継ぎ、小さい丸「。」はフレーズの終わりで息継ぎ。

I-3　身近に使われている面白い雅楽の用語

　今日よく使われている雅楽の用語に由来するといわれている言葉を、いくつか紹介しましょう。

打ち合わせ　前もって相談すること。打物を合わせることに由来。

音頭を取る　リーダーとなって事を進めること。曲の初めは、笛の主席奏者「音頭（おんど/おんどう）」から吹き始め、各管が退吹（おめりぶき）（無拍のリズムでのカノン奏法）をするときも、その管の音頭から始める。

やたらに　雅楽には2 + 3の八多羅（やたら）（夜多羅／八多良）拍子（びょうし）という混合拍子があり、それがむやみに打っているように聞こえたせいか、「むやみに、みだりに」の意となった。

二の舞を踏む／二の舞を演じる　先人の失敗を繰り返したりすること。舞楽《安摩（あま）》に続けて舞われる《二舞（にのまい）》に由来。

序破急（じょはきゅう）　元々は雅楽の楽章名に由来。おおよそ、「序」は無拍のリズムの楽章、次の「破」はゆったりした楽章で、最後の「急」は軽快なテンポの楽章を意味する。転じて、物事の緩急を示す概念として、広く伝統芸能で使用されている。

（川口明子）

譜例 1-1　平調《越天楽》吹物の唱歌の楽譜　　　　　　　譜例作成：中村仁美

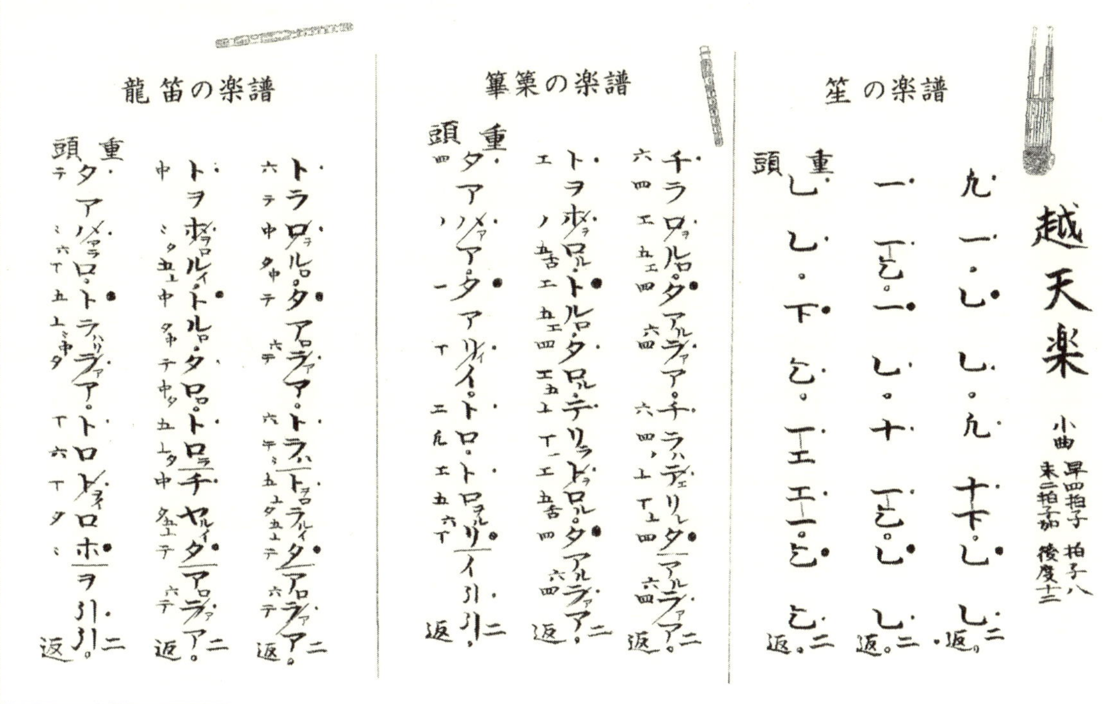

Ⅱ 雅楽の唱歌に挑戦してみよう

Ⅱ-1　管絃　平調《越天楽》

(1)平調《越天楽》について
🔘 1-1

　平調《越天楽》は、雅楽の中で最もよく知られた曲で、古くから親しまれてきました。その旋律は、慈鎮和尚が歌詞を付けた《越天楽今様》や、民謡の《黒田節》などにも取り入れられています。舞はつかず、楽器のみで演奏する管絃に分類されます。本来の演奏では、吹物（笙、篳篥、龍笛）、弾物（琵琶、箏）、打物（鞨鼓、太鼓、鉦鼓）で合奏しますが、この教材の映像では、弾物は省いています。
　また、映像では「二行初太鼓付止手あり」という簡略化した形で演奏しています。［譜例1-1］の1行目を1回、2行目を1回、最後に止手という短いフレーズを演奏して終わります。本来の演奏順については、［譜例1-4］の説明を参照してください。

(2)吹物の唱歌

　雅楽を習うときは、まず吹物の唱歌を歌って、旋律やリズムなどをしっかり覚えてから、楽器の演奏法を練習します。楽座（あぐら）で座り、右手で上から1・2、横から3・4と膝を打ちます。ゆったりとした間を感じながら、拍を取りましょう。🔘 1-2
　《越天楽》の吹物には、笙、篳篥、龍笛の三管があります。［譜例1-1］はそれぞれの唱歌を記したものです。［譜例1-1］の1行目が［譜例1-4］のA部分、2行目がB部分、3行目がC部分に当たります。「二返」は繰り返し、「重頭」は冒頭に戻るという意味です。1行目の唱歌のみ、［譜例1-2］の五線譜に採譜しました。

❖ **篳篥** 🔘 1-3
　篳篥［写真1-1］は、管（本体）と蘆舌（リード）の二つの部分からなります。管は竹製で、9つの指孔（表に7つ、裏に2つ）があります。蘆舌は植物の葦からできていて、上部を平らにつぶし、籐で作った責（楕円形の輪）をはめています。下部には図紙という和紙を巻いて、管と蘆舌の隙間から息が漏れないようにしています。蘆舌は、演奏する前に、ぬるめの緑茶に浸して湿らせてから管に入れます。

　篳篥の唱歌を歌ってみましょう。

```
1 2 3 4  1 2 3 4  1 2 3 4  1 2 3 4
チーラー ロ／ヲル ロ・ター アル ラ／ア ア 。
チー ラ ㋭ テ／エ リ レ タ ｜ アル ラ／ア ア 。
```

- 右手で拍を取りながら歌います。1・2は上から、3・4は横から膝を打ちます。
- 「／」「｜」「。」のところで息継ぎ（ブレス）をします。
- 「八」は「ファ」と発音します。

篳篥には、塩梅という奏法があります。指使いは変えずに、口の形やくわえ方を変えることで、音の高さを滑らかに変えることができます。唱歌の「テ／エリレタ」の部分を、塩梅を入れて歌ってみましょう。

写真1-1　篳篥（左）　蘆舌（右）

❖ 龍笛　1-4

龍笛 写真1-2 は竹製の横笛です。外側は樺（桜の木の皮）を細く裂いて紐状にしたものを巻いて、漆で固めています。指孔は7つで、左手で3つ、右手で4つ押さえます。指の腹ではなく、関節と関節の間辺りで押さえます。リコーダーのようにタンギングはしません。上半身は正面、下半身は右斜めになるように構えます。

龍笛の唱歌は、篳篥の唱歌に似ていますが、細かい節回しや息継ぎの場所が異なっています。また、龍笛は、実際に演奏するときの音と、唱歌で歌うときの音が異なるところがあります。「トヲロラルイタ」の部分を注意して聴いてみましょう。

写真1-2　龍笛

❖ 笙　1-5

笙 写真1-3 は、17本の細長い竹管を、円形の匏に差し込んでいて、竹管の下端には指孔と簧（リード）が付いています。息を吹いても吸っても音が出るので、音を切らさずに演奏することができます。リードを結露させないように、いつも電熱器で楽器を温めています。

笙は、合竹という和音を基本的に演奏します。合竹は10（11）種類あり、「乞」「一」「乙」というように名前が付いています。一つの合竹から別の合

雅楽　33

竹に移るときは、「手移り」と「気替え」という奏法を用います。「手移り」は、定められた順番で指を動かして、和音を滑らかに移行させる奏法です。「気替え」は、呼気と吸気を替えることです。

笙の唱歌は、合竹の名前を歌詞にして、篳篥に似た旋律を歌います。和音の一番下の音が、唱歌の旋律になっています。

写真1-3 笙

❖ 三管の唱歌 🔘 1-6

笙、篳篥、龍笛の3パートに分かれて、唱歌で合わせて歌ってみましょう。篳篥の旋律に対し龍笛の旋律は、元は同じ旋律でも次第に変化してきて、微妙に「すれ」を生じさせています。この篳篥と龍笛の「すれ」を笙の和音が包み込み、雅楽特有の響きを醸し出します。また、あえてフレーズの頭をピッタリさせず、互いに少しずつずらして、会話をしているかのように合わせるのも、雅楽の美しさです。

譜例1-2 平調《越天楽》吹物の唱歌（1行目）　　採譜・構成：黒川真理恵・大場陽子　監修：中村仁美

＊唱歌を歌うときは、右手で右足の膝を、上から1、2、横から3、4と打って、拍を取りながら歌います。
＊「／」「｜」のところで息継ぎ（ブレス）をします。
＊㋩は「ファ」と発音します。
＊龍笛の唱歌は、実際の楽器の音とは異なる音で歌うところがあります。
＊笙は、実際には合竹（和音）を演奏します。唱歌では「ボーイチ」と歌ってみましょう。

（3）打物の唱歌

鞨鼓、太鼓、鉦鼓の三鼓を、篳篥の唱歌に合わせて打ってみましょう。打物の一連の動作は、リズムパターンと連動しているので、打つ準備や打った後の体の使い方も大切です。「イチニイサンシイ〜」と拍を言いながら、動きを拍に乗せて練習しましょう。三鼓の合わせ方も、太鼓の音を聴いてから鉦鼓が入ったりするなど、あえて頭をピッタリさせない独特のリズム感によります。

❖ 鞨鼓 1-7

鞨鼓［写真 1-4］は、桜の木で作られた胴を、鉄の輪に張った 2 枚の膜面で挟み、革紐で締めています。専用の台に載せて、細長い 2 本の桴で打ちます。桴は、小指の方でしっかり握り、親指と人差し指は軽く丸めて緩くしておきます。

［写真 1-4］鞨鼓

> 正　右手で 1 回打つ。
> 片来　片手で、ゆっくりから段々速く打つ。
> 諸来　両手で桴を巻き上げるように細かく動かして、トレモロのように打つ。

❖ 太鼓 1-8

雅楽の太鼓には、正式な舞楽で用いられる大太鼓と、管絃や小規模の舞楽で用いられる楽太鼓［写真 1-5］があります。この教材では楽太鼓を演奏します。楽太鼓は、胴の両面に鋲打ちで革を張り、円形の枠に三方から吊るしています。

［写真 1-5］楽太鼓

❶ まず左手、次に右手の順で、桴を腰に付けて構えます。

> 図(ズン) 右手は腰に付けたまま、左手で左下を弱く1回打つ。
> 百(ドウ) 左手は革近くでそのままにしておいて、右手で真ん中を強く1回打つ。

❷ 両手の桴で革面を下からすり上げて余韻を止めます。
❸ 桴を右手、左手の順に、腰に戻します。

❖ 鉦鼓 1-9

鉦鼓(しょうこ) [写真1-6]は、皿状の金属板の鉦(かね)を、円形の枠に三方から吊るしています。桴は2本1対で、両端が紐で結ばれています。桴先を鉦の下端に付けて構えます。このとき両手は離さず、親指の付け根辺りを付けておきます。演奏するときは桴先を鉦の中央に当て、そのまま鉦を摺(す)るようにして下端の縁で止めます。鉦鼓は「打つ」と言わずに「摺る」と言います。

[写真1-6] 鉦鼓

> 金(チン/キン) 片手で1回摺る。
> 金金(チチン/キキン) 両手で素早く、時間差で左右の順で摺る。

❖ 篳篥の唱歌と打物 1-10

篳篥の唱歌に合わせて、鞨鼓、太鼓、鉦鼓を打つ真似をしてみましょう。

	1	2	3	4	1	2	3	4	1	2	3	4	1	2	3	4
	チ	ー	ラ	ー	ロ	／	ヲ	ル	ロ	・	タ	ー	ア	ル	ラ／ア ア	。
鞨鼓					正		片来	……→	正				諸来	……………		
太鼓									図				百			
鉦鼓					金				金金				金			

	チ	ー	ラ	㋑	テ／エ	リ	レ	タ	｜	ア	ル	ラ／ア ア	。
	正				正		片来	……→	正			諸来	……………
									図			百	
	金				金				金金			金	

《越天楽》の演奏を再度鑑賞し、実際の合奏ではどのように聞こえるか確かめてみましょう。

譜例 1-3 平調《越天楽》打物のリズム

譜例作成：中村仁美

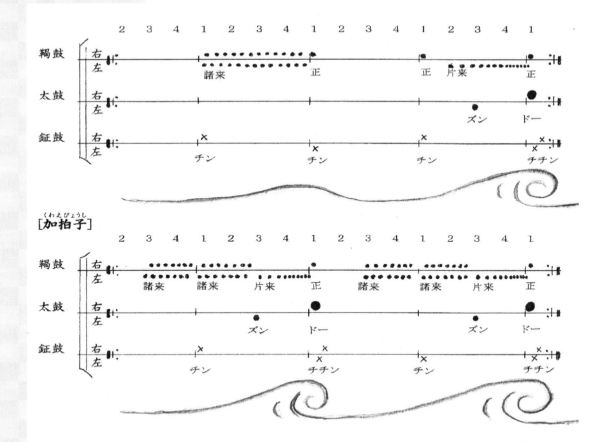

　　譜例1-3 は、《越天楽》の打物のリズムパターンを図形で表したものです。吹物と打物のリズム周期は、わざと始まりがずれているので、譜例1-2 と譜例1-4 の初めの拍は、譜例1-3 の3小節目1拍目に当たります。《越天楽》の打物は、前半と後半で2種類の打ち方があり、前半は譜例1-3 の1段目のリズムを繰り返します。重要な拍は最後に置かれていて、太鼓の「百（ドウ）」に向かって進みます。後半は加拍子の打ち方に変わり、2段目のリズムを繰り返します。《越天楽》を通しで演奏するときは、譜例1-4 を参考に、リズムパターンの変化も楽しんでみましょう。

（黒川真理恵）

II-2 管絃 平調《越天楽》
——篳篥の唱歌と打物に挑戦しよう

（1）篳篥の唱歌を歌おう
🔘 1-11

雅楽では、弟子は師と向き合って、楽座で唱歌を真似て習います。膝を打つ拍はどこをたっぷりするのか、またどこで息継ぎしたり切ったりするのかも大切なポイントです。譜例1-1 の斜め線「／」や横線「—」や丸「。」が息継ぎ（ブレス）の区切り目です。例えば《越天楽》の篳篥では、まず「チーラーロ」まで、次に「ヲルロ」、さらに「ターアルラ」が続き、フレーズ最後の「アア」は二つ目の「ア」を少し押し出す感じで歌います。篳篥の音色や旋律が唱歌でどのように歌われているかを感じ取りながら歌いましょう（30-33頁 参照）。

（2）篳篥の唱歌を歌いながら打物に挑戦しよう
🔘 1-12

打物は、打つ前後の体の動きも大切です。篳篥の唱歌を歌いながら、三鼓の打物をエアで演奏してみると、雅楽特有の旋律とリズムの仕組みが体感でき、効果的でしょう。その際、打物はお互いを聴き合って微妙なタイミングで打っているので、ずれて聞こえるかもしれませんが、あえてそのように「合わせて」いるので、よく観察してみましょう 譜例1-3。

（3）篳篥の蘆舌を紙で作って吹いてみよう
🔘 1-13

篳篥の蘆舌は、葦を削って作ったダブルリードですが、紙でも代用品が作れます 写真1-7。縦横約5×7センチぐらいの紙（ノートの紙やコピー用紙など）をクルクル丸めて、片方の端のみつぶすと細めの隙間ができます。つぶした方を口に深くくわえて、唇で紙の丸みをつぶさないように気を付けながら吹くと、プーと音が鳴るはず。葉っぱをクルクル巻いてから、片方をつぶして吹いても音が出ます。どうしたら音が鳴るのか、試行錯誤して、音の出る仕組みを学ぶのもお勧めです。

写真1-7 紙の蘆舌（紙を丸める）　　（片方をつぶす）　　（つぶした方をくわえて吹く）

（4）代わりの楽器で演奏してみよう——身近な楽器で真似すると？
🔘 1-14

唱歌を歌って旋律やリズム、音色等の特徴を体感した後で、《越天楽》を身近な楽器で代用して演奏してみると、アンサンブルとしての雅楽の仕組みやその魅力がより一層深く感じ取れるでしょう 写真1-8。本来の編成では、弾物の琵琶と箏（楽箏）も入りますが、今回はそれらを省き、吹物と打物の楽器演奏に的を絞って教材化しました 譜例1-4。

代わりの楽器の使用例

❖ **笙：キーボード**

　笙は吹いても吸っても音の出るフリーリードの楽器なので、常に音が鳴り続け、強弱が付けやすいのが特徴です。今回はキーボードを使って笙の高音域や音色に近い設定をし、ペダルで音を持続させながら強弱を付ける工夫もしました。笙の合竹は複雑な響きの和音ですが、《越天楽》ではラ・シは常に使われる音なので、キーボードのラとシをセロテープで止めて常に鳴らせるようにし、それより低音域を左手、高音域を右手で弾くと、より簡単に演奏できます。笙の和音が変わるタイミングは「手移り」という独特の奏法によるので、実際には五線譜の小節の頭より少し前に先取り、「ウーン　ジャ〜」という感じで滑らかに移行させます。なお、キーボードの他にも、高音域の鍵盤ハーモニカが2台あれば、二人一組で交互に吹いて、音をつなげて演奏してもよいでしょう。

❖ **篳篥：鍵盤ハーモニカ**

　リード楽器の特性を生かして息遣いを工夫すると、篳篥らしく聞こえます。塩梅の再現は難しいですが、その部分のみ音を少し重ねて弾くと良いかもしれません。

❖ **龍笛：ソプラノリコーダー**

　篳篥より1オクターブ高い音域なのでソプラノリコーダーを使い、タンギングをせずに吹きつつ、指をするように動かして装飾を入れたりすると、龍笛らしさが増すでしょう。

❖ **鞨鼓：締太鼓、
　　スネアドラム用のスティック2本**

　締太鼓の桴は太すぎるので、細めのスネアドラムのスティックを使いました。

❖ **太鼓：バス・ドラム、桴2本**

❖ **鉦鼓：当り鉦、撞木2本、譜面台**

　当り鉦は、ブラブラしないように紐で譜面台に括り付ける工夫が必要です 写真1-9 。

写真1-9　鉦鼓の代わりの例（当り鉦）

写真1-8　代わりの楽器の例

写真1-8,9　撮影：川口明子

演奏の手順 （譜例1-4 の説明部分も参照してください）

❶ まず五線譜を見ずに、吹物の唱歌を覚えて歌えるようにし、打物とエアで合わせることができるまで練習します。最初から五線譜を見て演奏するのは意味がありません。

❷ その上で、雅楽には五線譜には表せない要素がたくさんある（塩梅など）ことに気付き、なるべく雅楽の楽器に近づけようと意識して代用楽器で練習します。五線譜の使用は、どうしても覚えにくい笙などの最小限のパートのみに限るのが、望ましいです。

譜例1-4　平調《越天楽》合奏　　　　　　　　　　　　採譜・構成：黒川真理恵・大場陽子　監修：中村仁美

❸ 演奏の始まりは、鞨鼓奏者が桴を取るのを合図に、龍笛の独奏から始まります。それ以外の楽器は、それぞれ定められたところから、加わります。

❹ A×2回～B×2回～C×2回を演奏します。

❺ 冒頭に戻ってA×2回を演奏しますが、このとき、打物は加拍子に変わります。

❻ B×2回で終わります。

＊なお、本来は曲の最後に止手という短いフレーズを演奏して終わりますが、譜例1-4では止手は省略し、記載していません。

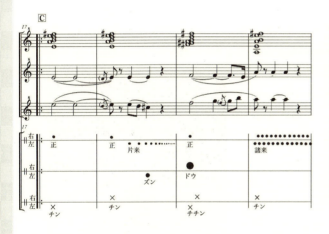

＊全体はこの順番で演奏します。
A‒A‒B‒B‒C‒C‒A‒A‒B‒B

＊打物は、前半と後半で二種類の打ち方があります。楽譜には前半の打ち方を載せていますが、D.C.以降は後半の加拍子（別譜）の打ち方になります。

＊本来の編成では、この他に弾物（琵琶、箏）も加わりますが、この楽譜では省略しています。

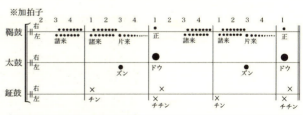

＊雅楽の本来の演奏では、曲の最後に止手という短いフレーズを演奏して終わります。

＊笙は、手移りという奏法を用いて、合竹（和音）を滑らかに移行するように演奏します。

Ⅱ-3 舞楽《陵王》

（1）《陵王》出手（陵王乱序）

🎵 1-15

　次に、雅楽のうち、舞楽の代表曲である《陵王》に、唱歌を通して近づいてみましょう。舞楽とは、雅楽のうち大陸から伝来した外来系の楽舞をいい、左方の舞と右方の舞に大きく二分されます。左方の舞は唐楽で伴奏し、右方の舞は高麗楽で伴奏するのが原則ですが、一部例外があります。また、伝統的な舞楽の上演では、番舞といって左方と右方をペアにして上演する慣習が一般的ですが、現在では時間の都合もあって、1曲のみ単独で上演する機会も多くなっています。

　舞楽《陵王》は左方に属する一人舞で、ダイナミックな動きをする走舞の一つに分類されます。番舞にする場合は、同じく走舞に分類される右方の二人舞《納曾利》が組み合わされます。

　この曲は、中国・北斉の時代（西暦550～577年）の武将・蘭陵王長恭が美男であったため常に奇怪な仮面を着して戦さに臨み勝利した姿をかたどった、という故事をもっています。日本には奈良時代に林邑僧・仏哲が伝えたとも、平安時代初期に舞の名手として知られた尾張浜主が伝えたともいわれ、古くから上演頻度の高い人気曲です。《陵王》の舞人は、頭に竜をいただく陵王面を着し、毛縁の裲襠装束を身に着け、右手に金色の桴を持ち、左手は剣印という形をとって舞います。

　舞楽は元々野外で上演されたために、当曲（中心となる固有の楽曲のこと）を中心に、舞人が舞台に登場する音楽、退場する音楽を備え、全体は一種の組曲のような構成をとります。舞楽《陵王》の場合、全曲は、①〈小乱声〉（龍笛・太鼓・鉦鼓による前奏曲）、②〈陵王乱序〉（太鼓・鉦鼓・鞨鼓と龍笛による舞人の登場楽）、

写真1-10　舞楽《陵王》

③〈噦〉(無伴奏で舞う部分、省略されることも多い) ④〈沙陀調の音取〉(各管の主席奏者による音調べ)、⑤〈当曲〉(中心となる〈蘭陵王〉の楽曲)、⑥〈安摩乱声〉(太鼓・鉦鼓・鞨鼓と龍笛による舞人の退場楽)の各部分から構成されます。

このうち、②の〈陵王乱序〉と⑥の〈安摩乱声〉には、太鼓・鉦鼓・鞨鼓による同じ4拍子のリズムパターンが使われます。しかし、これに合わせて龍笛が数群に分かれて奏する旋律は別々で、奏法も〈陵王乱序〉では追吹(拍に合わせたカノン奏法)、〈安摩乱声〉では退吹(無拍のリズムでのカノン奏法)と異なるため、登場時と退場時の音楽はかなり印象が違います。

ここでは、舞楽《陵王》の中から、舞人の登場の音楽〈陵王乱序〉を取り上げます。舞人は〈陵王乱序〉に乗って舞台に登場し、出手を舞います。映像には、出手のはじめの部分が収録されています。

(2)〈陵王乱序〉打物のリズム
🔘 1-15

〈陵王乱序〉では、3種の打物が、4拍子からなるリズムパターンを打ち続けます 譜例1-5 。太鼓は、第1拍・第2拍は強く、第3拍・第4拍は少し弱く、全ての拍を打ちます。鉦鼓は、太鼓について、第1拍・第2拍は両手で「チチン」と摺り、第3拍・第4拍は右手・左手の順に「チン」と摺ります。鞨鼓は、壱鼓打ちという右手の桴のみを用いる奏法で、決まったリズムを打っていきます。このとき左手は桴の元を握り、桴の頭を親指で押さえ、桴先を下にして杖のように持ちます。3種の打物のリズムが合わさると、全体では、「ドーン／テーン／スッテン／テン」という唱歌で唱えられる〈陵王乱序〉特有のリズムパターンとなります。ゆったりとしながら力強く、一度聞くと忘れられない印象的なものですが、このリズムパターンが舞人の躍動的な動きを支えているのです。

唱歌を唱えた後に、雅楽の打物の代わりに手近な楽器を使って、それぞれのリズムを打ち、3つの打楽器が作り出すリズムパターンの心地よさを味わってみましょう。《越天楽》で使用したバス・ドラム、当り鉦、締太鼓の組み合わせでも構いません。

譜例1-5 〈陵王乱序〉打物のリズム　　　　　採譜・構成:黒川真理恵・大場陽子　監修:中村仁美

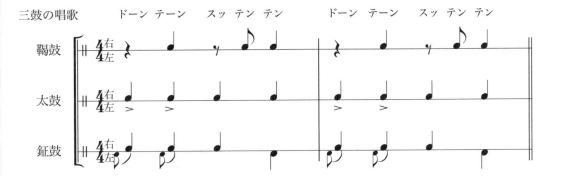

(3)〈陵王乱序〉龍笛の唱歌と追吹

🎵 1-16

続いて、〈陵王乱序〉の龍笛の第1段の旋律に挑戦してみましょう。〈陵王乱序〉では、舞の決められたところに、龍笛が6段からなる旋律を追吹（おいぶき）していきます 譜例1-6 。打物のリズムパターンの面白さと、龍笛の追吹が生み出す音の重なりの面白さが相まって、舞人も管方（かんがた）（楽器奏者のこと）も当曲に向けてどんどん気持ちが高まっていく部分です。

龍笛の第1段の旋律には、全部でたった4つの音しか使われていません。前項で説明したように、追吹とは、打物の拍に合わせて一つの旋律をカノン奏法で吹いていくことですが、龍笛の主席奏者である音頭（おんどう）がまずソロで吹き始め、次いで二席（第2グループ）、三席（第3グループ）が4拍ずつ後れて、同じ旋律を重ねて吹いていきます。映像では、1人ずつ、3人で追吹しています。

初めに、龍笛の唱歌を歌って、追吹を体験してみましょう。音頭が初めに唱えた後、第2グループ、次いで第3グループと続いてください。唱歌ではオクターブ上の音も同じ音程で歌いますので、使われる音はわずか3つになりますが、それでも次々に音が重なっていくと、思いがけない音響効果が生み出されることが実感されるのではないでしょうか。その意味でも、〈陵王乱序〉が少ない音で非常に巧みな音楽的工夫をし、雄大なスケール感をもつ音響をつくり出していることがよく分かります。

唱歌がしっかり歌えるようになったら、今度は3群に分かれてリコーダーで追吹を体験してみましょう。音の重なりの面白さを生かすには、それぞれのグループが聴き合いながらも力強く旋律を吹いていくことが大切です。龍笛を真似て、タンギングはしません。

なお、ここでは第1段のみを取り上げましたが、第2段以降はもう少し音数が増えて、旋律の動きもその絡みも複雑になります。また、舞人が退場するときに演奏される〈安摩乱声〉の退吹（おめりぶき）で吹かれる旋律も、なかなか面白くできています。こちらは〈陵王乱序〉とは違って、打物の拍に合わせない無拍のリズムの旋律なので、先行する奏者の音を聴きながら即かず離れず追いかけて吹いていくのは、結構スリリングです。これらを含め、機会があれば、ぜひ《陵王》全体を鑑賞してみてください。さらに舞楽の世界が楽しめると思います。

（塚原康子）

II-4 舞楽を体験してみよう

(1) 舞の動きを真似しよう

🎵 1-17

《陵王》では右手に桴を持ちますが、桴は菜箸（さいばし）で代用し、左手は剣印（けんいん）の形をとって舞ってみましょう 写真1-12 。足を肩幅よりやや広く開き、背筋を伸ばし、腰の位置や足先、膝の動き、ピタッと止まるポーズなどに気を付けて練習すると、ゆったりと優雅に見える舞も意外と体のいろいろなところを使っていることが体感できるでしょう 写真1-11 。体の動きと音の宇宙が融合して繰り広げられる舞楽の世界を楽しんでください。

写真1-11 舞の稽古風景

(2)打物のリズムに合わせて舞ってみよう

　舞楽《陵王》では、登場の楽〈陵王乱序〉で、打物の三鼓のリズムを合わせた「ドーン／テーン／スッテン／テン」のリズムパターン 譜例1-5 が繰り返され、舞人の躍動的な動きを支えています。舞楽の練習のときには、この打物の唱歌を口ずさみながら舞うことも多いので、ぜひ、試してください。また、代用楽器の伴奏で舞うのも、舞楽の雰囲気がより身近に味わえるのではないでしょうか。　　　　　　　　（川口明子）

写真1-12 左手は剣印の形をとる

譜例1-6 〈陵王乱序〉龍笛の追吹　　　　採譜・構成：黒川真理恵・大場陽子　監修：中村仁美

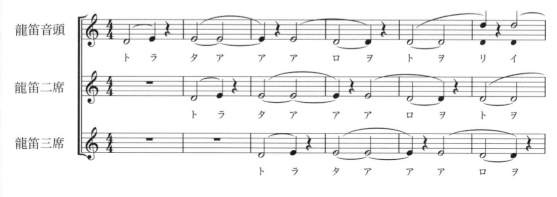

＊龍笛の実音は1オクターブ上。　＊唱歌は●の音高で歌います。

2 能

**本章の
ねらい**

　本章は、音楽と演劇とが密接に結び付いている能の魅力を、囃子（能管、小鼓、大鼓、太鼓）の唱歌を通して楽しめるように構成しています。**I** では、能の特徴、舞台、楽器、お稽古方法などについて紹介します。**II** では、DVD 教材を用いて授業を行う際の留意点や活用のアイディアを紹介します。DVD 教材では、平家の武将の亡霊が登場する《船弁慶》を例にしました。まずは、唱歌そのものの面白さを体験しましょう。唱歌で合わせて歌うことも可能です。また、謡についても体験できるように構成しています。DVD の映像の中で 🎧 2-15 ～ 18 は、唱歌と楽器の音を同時に聴くことができ、基本的には、左音声に唱歌、右音声に楽器の音を収録しています。🎧 2-16 ～ 18 の右音声には、演奏の基本となる能管の唱歌も収録しています。演奏のみを聴く、唱歌のみを聴くというように、音量を調節して活用してみてください。

I 能の魅力

I-1 能とは 🔴2-1

(1) 音楽劇としての能

能は、室町時代はじめに観阿弥と世阿弥という役者によって現在の様式を整えた演劇です。シテ（主人公）やワキ（シテの相手役）やアイ（狂言）と呼ばれる役が、謡（声楽）と舞を用いて『源氏物語』や『平家物語』などの主に古典文学を題材とする物語世界を演じます。そしてそれを、地謡と呼ばれる合唱団と、能管（笛）・小鼓・大鼓・太鼓の4種類の囃子が支えます。それぞれの役には流派が複数あり、流派によって演奏の細かい部分に差異があるので、それだけ演出は多様となります。このように、能は謡・舞・囃子が重要な役割を果たす音楽劇です。

(2) 能舞台

能は、専用の能舞台で演じられます 写真2-1 。能舞台は、約6メートル四方の本舞台と、地謡の座る地謡座、囃子方の座る後座、舞台への出入りをする橋掛リで構成されます 図2-1 。演者がすり足で滑らかな演技を行えるように、すべて檜の白木造りとしています。本舞台の床下には、音響効果を高めるために素焼きの甕が数個置かれています。

写真2-1 能舞台（国立能楽堂撮影）

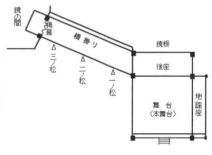
図2-1 能舞台平面図　　　作成：森田都紀

(3) 能の配役

能の役には独自の呼称があります。役に扮して舞台に立つ役を立方、合唱を受けもつ役を地謡、楽器を受けもつ役を囃子方といいます。それぞれの役は完全に分化して担当されます。

まず立方は、主人公（シテ）を演じるシテ方、シテの相手（ワキ）を演じるワキ方、狂言を担う狂言方に分けられます。一曲の中心的な役をシテと呼び、現行演目では全ての演目に登場します。ワキは主に舞台向かって右手前に座り、シテの物語を聞き、シテの演技を引き出します。シテもワキも謡を謡い、セリフを語って物語を進めます。そして、クライマックスの場面でシテは舞を舞います。また、狂言方は能ではアイと呼ばれる役で

登場し、物語のあらましを嚙み砕いて説明します。

　地謡は、一般に6人ないし8人で構成され、地謡座に座って謡を斉唱します。地謡が何かの役に扮することはありません。謡を謡うことを通して、その場面の情景を描写し、時にシテの心情を代弁します。地謡はシテとの関連性が強いので、シテ方が担います。

　囃子方は舞台後方に位置して、能管・小鼓・大鼓・太鼓の4種類の楽器を演奏します。原則として、一楽器につき一人が演奏します。囃子方は立方と地謡の良さを引き出し、演劇としてのまとまりを生み出します。

(4) 上演形式

　能は一曲を通して演じるのを正式としますが、略式の上演形式も数多くあります。例えば、謡のみで曲を聞かせる「素謡(すうたい)」、見せどころを囃子なしに紋服姿で舞う「仕舞(しまい)」などです。本教材のDVD《船弁慶》 2-24,25 の上演形式は、一曲の主要部分を舞い手と地謡と囃子方とで演じる「舞囃子(まいばやし)」といわれる形式に準じていますが、子方(こかた)(子どもの役者)の演出等に一部、正式の上演形式で行う所作を含みます。
　　　　　　　　　　　　　　　　　　　　　　　　　　　（森田都紀）

I-2　能の音楽

(1) 謡の旋律様式とリズム様式

　能の物語は、謡によって進められます。謡の旋律様式には、コトバ(せりふ)とフシ(音楽的に作曲された部分)の2種類があります。謡のほとんどはフシにあたります。そして、フシの謡い方には、ヨワ吟とツヨ吟とがあります。ヨワ吟では完全4度の間隔になる上音・中音・下音が基本となり、なめらかな息遣いで謡います 譜例2-1 。一方、強い息遣いで謡うツヨ吟では、声が不規則に上下動するため、上音と中音、さらには下音と下ノ中音はほとんど同じ音高となります 譜例2-2 。ヨワ吟は主に優美で趣のある場面で、ツヨ吟は主に重々しく勇壮な場面で使われます。

譜例2-1 ヨワ吟　　　　　譜例2-2 ツヨ吟
下　中　中　上　ク　　　下　下　中　上　ク
音　音　ウ　ウ　リ　　　音　ノ　音　音　リ
　　　　キ　キ　　　　　　　中
　　　　　　　　　　　　　　音

　謡のリズム様式には、有拍の拍子合(ひょうしあい)と無拍の拍子不合(ひょうしあわず)とがあります。コトバは拍子不合で謡いますが、フシには拍子合と拍子不合が混在しています。拍子合では原則として8拍を単位とし、そのリズムには八拍子(やつびょうし)と呼ばれる法則があります 譜例2-3 。すなわち、1字を1拍に当てはめてノリよく謡うのを大ノリ(おおのり)、2字を1拍に当てはめ軽やかに謡うのを中ノリ(ちゅうのり)、七五調の一句(12字)を8拍に当てはめるのを平ノリ(ひらのり)といいます。大ノリは多くが

譜例 2-3 八拍子

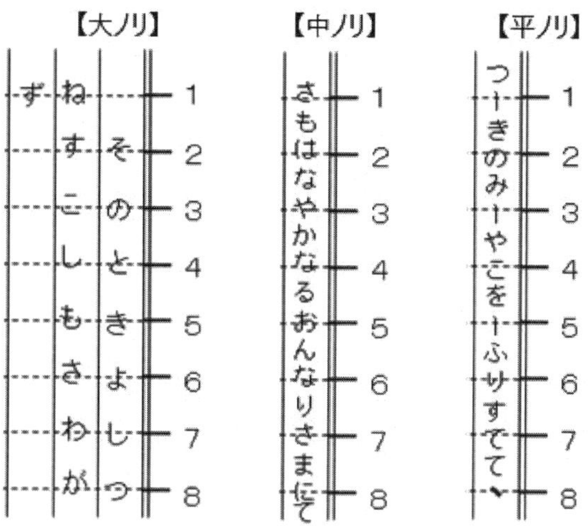

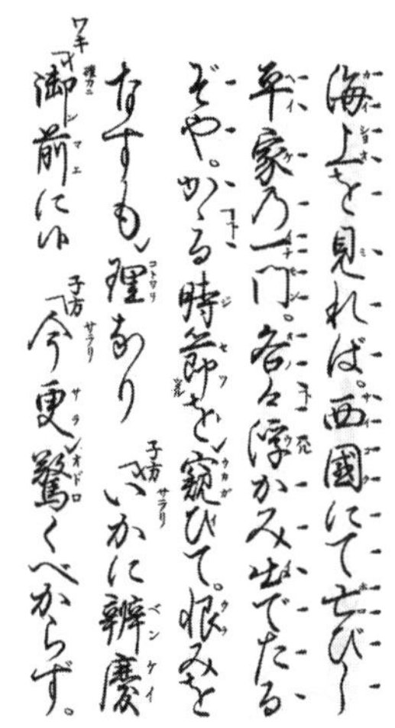

【大ノリ】　【中ノリ】　【平ノリ】

写真 2-2 《船弁慶》の謡本の一部
(観世左近『観世流大成版謡本 船弁慶』
檜書店、2005年より)

鬼などの異界の役柄が登場する場面で、中ノリは合戦や修羅道を見せる場面で、平ノリは能の中心的な謡い方としてほとんどの場面で用いられます。

(2) 謡本

謡の謡い方を記した楽譜を謡本と呼びます。謡本では、フシに墨譜（ゴマ譜）が施されます（**写真 2-2**「海上を見れば…（略）…かかる」）。墨譜は謡一字ごとに付され、主にリズムや謡い方を表します。墨譜の傍らに小さく書き入れられた「上」「下」「ハル」などの記号は、音高を示します。一方、コトバの部分には墨譜は施されません（**写真 2-2**「時節を…（略）…今更驚くべからず」）。謡本は、謡を学ぶ稽古でも用いられます。

(3) 囃子

能管・小鼓・大鼓・太鼓を総称して四拍子といいます。このうち、太鼓は神や鬼などの異界の役柄が登場する演目に限って使われます。また、小鼓・大鼓・太鼓は、打音と掛声とを組み合わせた手組と呼ばれるリズムパターンを用いて一曲を構成します。どの演目でも共通の手組を用いますが、場面により手組の組み合わせ方やテンポ、掛声の趣を変え、それぞれの物語世界を表現します。管楽器の能管にもいくつかの旋律のパターンがあり、その組み合わせを変えることにより、各々の楽曲が構成されます。

（森田都紀）

(4) 囃子の楽譜

4種類の楽器それぞれに固有の様式による楽譜があり、流儀によって唱歌や掛声などが異なります。西洋音楽のスコアのようなものはありません。拍子合では、謡と同様8拍1サイクルが基本となり、大鼓・小鼓・太鼓の楽譜には、打音と掛声による多種多様なリズムパターンの手組が記され、決められた手組の組み合わせによって音楽が進みます。能管の楽譜には唱歌集と指附集があり、稽古では唱歌集によって唱歌を覚えてから、唱歌に対応した指孔の押さえ方を記した指附集を基本として、実際に能管を吹いていきます。また、楽譜には記されていませんが、指し指という装飾的奏法によって旋律に彩りや複雑さを加えます。

（中西紗織）

I-3　能の楽器と唱歌

(1) 能管
🔘 2-2

　能管は、単に「笛」とも呼ばれます 写真2-3 。女竹（篠竹）で作る横笛で、囲炉裏の煙でいぶされて乾燥した煤竹を用いるのが良いとされています。
　長さは40センチ前後で、歌口（息を吹きいれる穴）と7つの指孔があります。歌口と指孔を除く部分には樺（桜の皮を薄く割って糸状にしたもの）を巻き、全体を漆で塗ります。頭部の裏側には蝉と呼ばれる装飾があります 写真2-4 。能管の最大の特徴は、歌口と指孔の間の管の内部に、別の細い管（喉）が挿入されている点です 図2-2 。喉があることにより、洋楽のドレミとは異なる複雑な音律が生まれます。同じ指使いで出せる低音（呂、フクラとも）と高音（甲、セメとも）の関係も1オクターブにはなりません。ヒシギ（鋭くて高い音）を出しやすくなります。能管は、楽器により太さや長さが若干異なります。一人で吹く楽器であるため、音律も同じではありません。

写真2-3　能管

写真2-4　蝉（矢印の部分）

図2-2　能管の喉（矢印の部分）　　作成：森田都紀

　能管は、決められた箇所で旋律型を吹きます。このDVDで練習する〈早笛〉（🔘 2-15,21 、後掲の 譜例2-12 ）は、竜神、鬼、怨霊などが勇ましく登場するときに吹く旋律型です。旋律型を覚えるときには、「ヒウーラウラウウーラウラー」というように唱歌を使います。旋律の動きや音色を言葉に置き換えて歌うもので、「ヒ」や「ウ」などが特定の音高や特定の指使いに対応するわけではありません。

(2) 小鼓
🔘 2-3

　小鼓は、単に「つづみ」とも呼ばれます 写真2-5 。中央にくびれのある桜材の胴の両側に、表革と裏革をあて、2枚の革の間を調緒と呼ばれる麻ひもで締めます 写真2-6 。革は直径約20センチの鉄製の輪に馬革を張って作り、革面に黒の漆による装飾（花形、輪）があります。楽器を右肩に乗せ、右手で表革を打って鳴らします。左手は、調緒を握り締めたり緩めたりして革の張力を調節し、音高や音色を変えます。小鼓は、革に適度な湿度がないと良い音が出ないため、演奏中に、革面に息を吹きかけたり 写真2-7 、唾で湿らせた和紙（調子紙）を貼ったりします 写真2-8 。

写真 2-5　小鼓

写真 2-6　小鼓（分解）

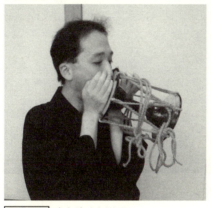
写真 2-7　息を吹きかける

写真 2-8　調子紙を貼る

写真 2-7, 8　提供：田邊恭資

　小鼓には約170種類の手組があり、打音には、弱くて高い音（唱歌は「チ」）、強くて高い音（唱歌は「タ」）、弱くて低い音（唱歌は「プ」）、強くて低い音（唱歌は「ポ」）の4種類があります。打音と掛声を組み合わせた唱歌を使って、手組を覚えます。DVDでは、〈三ツ地〉の手組を練習します（ 2-7,12、後掲の 譜例2-5 ）。楽譜の「ヤ」「ハ」は、「ヨ」「ホ」と発音します。6拍目の休拍に対しては、休拍であることを意識するために「ツ」と唱えます。

（3）大鼓
 2-4

　大鼓は「おおかわ」とも呼ばれます 写真2-9 。小鼓と同様に、砂時計型の桜材の胴の両側に、鉄輪に馬革を張って作る表革と裏革をあて、2枚の革の間を調緒で締めます 写真2-10 。小鼓に似ていますが、小鼓より大きく、胴の中央に「節」と呼ばれる飾りの彫りがあります。小鼓のような黒漆の装飾が革にありません。演奏するときには、楽器を左膝に乗せ、左手で調緒を握り、右手で表革を打ちます。調緒がきつく締め上げられているため、小鼓のように左手で調緒を調節することはありません。指が痛まないように、右手には指皮をつけます 写真2-11 。

写真 2-9 大鼓

写真 2-10 大鼓（分解）

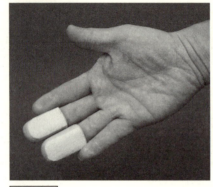
写真 2-11 指皮

写真 2-12 革を焙じる

写真 2-12 提供：佃良太郎

　大鼓は「カーン」という高音で硬質な音色を特徴とします。この音は、革が乾燥していないと出ません。そのため、演奏前に、炭火（電熱器で代用することも）で革を焙じます 写真2-12 。また、演奏時間が長くなると革が湿ってしまうため、楽器を途中で取り替えることもあります。大鼓の革は傷みやすく、10 回ほどで使えなくなる消耗品です。

　大鼓には約 200 種類の手組があります。打音には、小さく響かせない音（唱歌は「ドン」）と大きく響かせる音（唱歌は「チョン」）があります。この DVD では〈コイ合〉と呼ばれる手組を紹介しています（ 2-8 、後掲の 譜例2-7 ）。楽譜の「ヤ」「ハ」は、「ヨ」「ホ」と発音します。

（4）太鼓
 2-5

　太鼓は、専用の台の上に乗せ、両手の桴で打ちます 写真2-13 。小鼓や大鼓と同じく、胴の両面にあてた表革と裏革の間を調緒で締めていますが、胴は円筒形で高さがなく、中央に若干の膨らみがあります 写真2-14 。胴は欅材が最高とされ、栴檀や松で作ることもあります。革は、鉄輪に牛革を張って作ります。桴が当たる表革の中央には撥革と呼ばれる約 4 センチの円形の鹿革が張られ、その裏面には調子革と呼ばれる約 8 センチの鹿革が張られています。

　太鼓は、鬼や神、亡霊などが登場する場面に使われます。約 100 種類の手組があります。この DVD では〈コイ合〉と呼ばれる手組を紹介しています（ 2-9 、後掲の 譜例2-9 ）。打音には、打った後の桴を革につけたままにす

写真 2-13　太鼓　　　写真 2-14　太鼓（分解）

る弱い音（唱歌は「ツ」）と高い位置から桴を打ち下ろして強く響かせる音（唱歌は「テン」）などがあります。両手の桴で細かく刻んで打つときには、打音の唱歌を「テ」「ク」「レ」などに言い換え、「ツクツク」「テレツク」などと唱えます。太鼓では掛声の拍と打音の拍が重なるときがあり、打音の唱歌と掛声を織り交ぜて唱えます。例えば、後掲の 譜例 2-9 の「ツハア」の唱歌の場合、「ツ」は打音の唱歌で「ハ」は掛声です。実際の演奏は、右手・左手・右手の順に打ち、左手で打つときに「ハ」の掛声を掛けます。　　（野川美穂子）

I-4　能の音楽のお稽古方法

　お稽古の開始時と終了時には、「礼に始まり、礼に終わる」という作法にならい、姿勢を正して元気よく挨拶しましょう。

　謡のお稽古では、先生の範唱に続いて復唱します。まずは、お腹に力を入れて大きな声を出すことを心がけましょう。練習を重ねたら、先生の気合い、息の使い方、発声の仕方にも留意し、役柄の感情などを考えながら、朗々と響くように謡いましょう。

　囃子のお稽古では、①楽器を使用せずに各楽器の唱歌を唱える、②楽器を持つ構えで演奏する真似をしながら唱歌を唱える、③楽器を使って練習する、という3段階で進めます。

　小鼓・大鼓・太鼓の唱歌を唱える際は、掛声やコミを意識します。指揮者がいない能では演者の息を合わせるために、「ヤ、ハ、ヨーイ」などの掛声で今何拍目を打っているのか、今からどのように演奏したいのかを緩急をつけて伝え合います。コミは、次の音を準備するために刻む間のことです。演者は「ツ」や「ン」と言ってコミを取ります。掛声・打音・コミを意識して、①の段階の練習を繰り返しましょう。②の段階では、姿勢と構えに注意しましょう。これらが身体に染み込んできたら、③の段階に進みます。

　役柄や位によって、緩急や間が異なり、囃す音楽の雰囲気も変わるので、能を鑑賞する際は自分がお稽古しているのはどのような場面なのかも意識しましょう。

　　　　　　　　　　　　　　　　　　　　　　　　　　　（田村にしき）

Ⅱ 音楽を軸に能を楽しもう

DVDでは、《船弁慶》を例に、音楽にどのような魅力があり、どのように演劇と結び付いているかを体験します。

Ⅱ-1 《船弁慶》について

　能《船弁慶》は、室町時代の中期から後期に活躍した観世信光（1435または1450～1516）の作品です。信光は、世阿弥の甥である音阿弥の息子で、劇的な変化に富む華やかな作品を数多く残しました。大鼓の名人であり、謡にも秀でていたと伝えられています。《船弁慶》は、『平家物語』や『吾妻鏡』などに基づいてつくられており、物語の時代設定は鎌倉時代の初めです。源義経、恋人の静御前、家来の武蔵坊弁慶、平家の武将の平知盛の亡霊などが登場します。

　能の多くは前場と後場で構成されています。《船弁慶》の主人公（シテ）は、前場と後場で役柄が変わります。前場のシテは静御前、後場のシテは知盛の亡霊です。役柄の異なる二つの役を、一人の役者が演じ分けるところに難しさがあり、面白さもある作品です。ワキが弁慶を演じ、子方（子どもの役者）が義経を演じます。

(1) 前場

　前場は、義経と家来の弁慶たちが、摂津の国の大物の浦（現在の兵庫県尼崎市大物町にあった港）に到着する場面から始まります。平家討伐に大きな功績を残したにもかかわらず、兄の頼朝に嫌われた義経は、家来と共に都を旅立ち、頼朝の追手から逃げるため、大物の浦から船に乗り、西国へと向かおうとしています。静御前も一緒に来たのですが、この先は女性を連れては逃げられない、静御前を都に帰すべきであると、弁慶は義経に進言します。都に戻り、時節を待つように義経から告げられた静御前は、涙にくれます。静御前は、船出する義経一行の前途が開けることを祈りつつ、別れの舞を披露します 写真2-15,16 。DVDには、静御前の舞の一部を紹介しています 2-26 。

写真2-15 《船弁慶》前場

写真2-16 前場のシテ（静御前）

写真2-15,16　シテ：長山桂三、子方：長山凜三、撮影：駒井壮介

（2）後場

写真 2-17 《船弁慶》後場

写真 2-18 《船弁慶》後場のシテ（平知盛）

写真 2-19 《船弁慶》後場の子方（源義経）

写真 2-17〜19　シテ：長山桂三、子方：長山凛三、撮影：駒井壮介

　義経と家来は、船頭が用意した船に乗り、大物の浦を出発します。しばらく進むうちに、風が激しくなり、波が高くなってきます。海上を見ると、悪逆無道（人の道をはずれた悪い行い）を積み重ね、神仏の心にそむき、西国で滅んだ平家一門の姿が、波間に浮かんでいます。長刀を持った平知盛の亡霊が現れ、義経を海に沈めようとしますが、義経は少しも騒がず、刀を持って知盛と戦います 写真 2-17〜19 。弁慶は数珠をさらさらと押しもんで、経文を唱えて祈ります。向かってくる亡霊を追い払い、祈りを続けるうちに、引き潮とともに亡霊は退散し、あとには白波だけが残ります。

　DVDには、後場より、波間の平家一門に義経が立ち向かう場面から最後まで（詞章は 56頁 の通り）を収録しています 2-24,25 。また、その中から次の三つの部分を特に取り上げて、謡や囃子を体験できるようにしています。

❶ 〽悪逆無道のその積り、神明仏陀の冥感に背き、天命に沈みし平氏の一類（詞章の波線部分）

　子どもたちがこの部分の謡をお稽古している映像を収録しています 2-23 。音高や抑揚に変化のある謡への挑戦です。

❷〈早笛〉（詞章の二重下線部分）

　能管、小鼓、大鼓、太鼓の唱歌と実演を紹介しています 2-14〜20 。後掲の 譜例 2-12,13,14,15 。能管については、子どもたちがお稽古に挑戦する映像も収録しています 2-21,22 。

❸ 〽その時義経少しも騒がず」の部分（詞章の下線部分）

　小鼓、大鼓、太鼓の唱歌と実演、謡を紹介しています 2-6〜10 。後掲の 譜例 2-6,8,10,11 。また、子どもたちが、小鼓と大ノリ拍子の〽その時義経少しも騒がず」の謡に挑戦する映像も収録しています 2-11〜13 。

（野川美穂子）

収録部分の詞章

注：ヘはフシ（ツヨ吟）。「はコトバ。歴史的仮名遣いを原則とし、ルビは現代仮名遣いとした。

🎵 2-24

子方 ヘ 悪逆無道のその積り、神明仏陀の冥感に背き、天命に沈みし平氏の一類

地謡 ヘ 主上を始め奉り、一門の月卿雲霞の如く、波に浮かみて見えたるぞや〈早笛〉

シテ ヘ そもそもこれは、桓武天皇九代の後胤、平知盛幽霊なり。「あら珍らしやいかに義経 ヘ思ひも寄らぬ浦波の

地謡 ヘ 声をしるべに、出船の、声をしるべに、出船の

地謡 ヘ 知盛が沈みし、その有様に

地謡 ヘ また義経をも、海に沈めんと、夕波に浮かめる、長刀取り直し、

地謡 ヘ 巴波の紋、あたりを払ひ、潮を蹴立て、悪風を吹きかけ、眼もくらみ、心も乱れて、前後を忘ずる、ばかりなり〈舞働〉

🎵 2-25

子方 ヘ その時義経、少しも騒がず

地謡 ヘ その時義経、少しも騒がず、打物抜き持ち、現の人に、向ふが如く、言葉を交はし、戦ひ給へば、弁慶押し隔て、打物業にて、叶ふまじと、数珠さらさらと、押し揉んで、東方降三世、南方軍荼利夜叉、西方大威徳、北方金剛夜叉明王、中央大聖、不動明王の、索にかけて、祈り祈られ、悪霊次第に、遠ざかれば、弁慶舟子に、力を合はせ、お船を漕ぎ退け、汀に寄すれば、なほ怨霊は、慕ひ来るを、追っ払ひ祈り退け、また引く汐に、揺られ流れ、また引く汐に、揺られ流れて、跡白波とぞ、なりにける。

Ⅱ-2　能の囃子の唱歌と謡に挑戦しよう

　指導に当たっては、学習者の状況や学習環境等を考慮し、指導者自身のアイディアによって内容を工夫するとよいでしょう。

　本教材の映像や音声を手本とし、声を出したり囃子の楽器を演奏したりして、能の一場面をグループ活動によって演じてみましょう。楽器がない場合でも、映像にあるように、唱歌や掛声などの声の表現と、手や膝を使った身体の表現を組み合わせて演奏することができます。以下に、本教材を使った授業実践で応用できる活動のアイディアを提示します。

(1) 大ノリ拍子と囃子の楽器

大ノリ拍子の謡「その時義経少しも騒がず」に合わせて小鼓の唱歌を唱える

🎵 2-6,7,12,13　[譜例 2-6,11]

❶ 映像を鑑賞し、大ノリ拍子を感じ取ってみましょう。
❷ 実演と子どもたちへの指導場面をよく見て、小鼓の〈三ツ地〉の掛声とリズムパターンがどのように組み合わさっているか、真似をして感じ取ってみましょう。
❸ 小鼓の〈三ツ地〉と謡がどのように合っているかよく聴いてみましょう。
❹ 謡に〈三ツ地〉を合わせてみましょう。

大ノリ拍子の謡に合わせて大鼓と太鼓の唱歌を唱える

🎵 2-8,9,13　[譜例 2-8,10,11]

❶ 実演をよく見て、大鼓の〈コイ合〉の掛声とリズムパターンがどのように組み合わさっているか、真似をして感じ取ってみましょう。
❷ 実演をよく見て、太鼓の〈コイ合〉の掛声とリズムパターンがどのように組み合わさっているか、真似をして感じ取ってみましょう。
❸ 同じ名前でも、大鼓と太鼓で〈コイ合〉は異なることに気付き、両者が組み合わさって生じる掛声やリズムの重なりの面白さを感じ取ってみましょう。

---

(2) 能管の唱歌と演奏

〈早笛（はやふえ）〉の唱歌を唱える

🎵 2-14〜22　[譜例 2-12〜15]

❶ 唱歌のリズムと旋律型をよく聴き、真似をしてみましょう。
❷ 他の囃子の楽器のリズムパターンと〈早笛〉の能管の唱歌がどのように組み合わさっているか、各楽器と唱歌の重なりから聴き取ってみましょう。
❸ 〈早笛〉の唱歌をグループで一緒に唱えて練習してみましょう。

能管を吹く（楽器がある場合）

🎵 2-21,22　[譜例 2-12]

❶ 〈早笛〉の唱歌を頭の中で唱えながら最初の一クサリを能管で吹いてみましょう。
❷ 指の使い方、息の当て方など、どんな点を工夫したらよいか考えてみましょう。

（3）謡の音階、声の特徴

ツヨ吟の謡「その時義経少しも騒がず」を謡う

🎵 2-11,25　譜例 2-3

❶ 大ノリ拍子を感じ取り、声や息の使い方をよく聴き取り、真似をして、お腹に力を入れて堂々と謡ってみましょう。
❷ 役柄や場面も考えながら謡ってみましょう。
❸ 必要に応じて、舞囃子形式の《船弁慶》を再度鑑賞してみましょう。

音や抑揚の変化を工夫しながらツヨ吟の謡を謡う

🎵 2-23

❶ 義経の謡「悪逆無道のその積り、神明仏陀の冥感に背き」を謡ってみましょう。

＊「あくぎゃく」の「ぎゃ」の鼻濁音をきれいに謡いましょう。また、「仏陀」は、能の謡では「含む」（謡本に「含」と表記）といって、鼻に抜けるような、「ン」に近い発音で「ブンだ」と謡います。

❷ 場面の雰囲気を変える重要な役割をもつ義経の謡です。言葉の発音や抑揚に気を付けて、音の変化をよく聴いて、真似をして、しっかりとした声で謡ってみましょう。

（4）囃子の唱歌を合わせる

謡と囃子の唱歌を合わせる

🎵 2-10　譜例 2-6,8,10,11

❶ 謡・小鼓・大鼓・太鼓に役割分担し、「その時義経……」の部分をエア楽器と唱歌で合わせてみましょう。
❷ お互いの声や音をよく聴き合い、音の重なりの面白さや楽しさを感じ取りましょう。

〈早笛〉の唱歌と囃子の楽器で合奏する

🎵 2-19,20,22　譜例 2-12～15

❶ 映像の中の囃子に合わせて、〈早笛〉の唱歌を唱えてみましょう。
❷ 囃子の音楽をよく聴き、お互いの唱歌もよく聴き合い、唱歌と囃子の楽器のリズムの重なり、テンポの変化などの面白さや楽しさを感じ取りましょう。

（中西紗織）

II-3 《船弁慶》を見てみよう

II の冒頭で、《船弁慶》の主人公（シテ）は、前場と後場で役柄が変わることや、異なる二つの役を一人の役者が演じ分ける魅力について触れました。ここでは、前場と後場の囃子の音楽に注目し、役柄によって、音楽の雰囲気や効果がどのように異なるのかを比較してみましょう。

(1) 後場を見てみよう
――演劇のなかでの音楽の効果を感じ取る
🔘 2-24, 25

後場は、義経と平知盛の亡霊が戦う場面です。能管・大鼓・小鼓・太鼓が囃す勇壮な登場楽である〈早笛〉の囃子 譜例2-12〜15 に乗って、後シテの平知盛の亡霊が登場します。亡霊が、「そもそもこれは桓武天皇九代の後胤、平知盛幽霊なり」と名乗りを上げます。〈早笛〉は、竜神や鬼などが登場する際に使用される音楽で、急迫した躍動感のあるリズムに特徴があります。太鼓は、それらのような異次元の存在を舞台に導き出す役割があります。

平知盛の亡霊は、海に沈んだ自分と同じように義経も海に沈めるという復讐心に燃えて、長刀を振るい、義経に詰め寄ります。この部分の囃子は〈舞働〉と呼ばれ、太鼓の特徴的なリズムによって、襲いかかる亡霊を豪快に表現し、躍動感のある演技を盛り上げています。

「その時義経少しも騒がず」の部分は、ツヨ吟（強い息遣いの発声法）で、大ノリ（四四調を8拍に謡うもの）というリズムで謡われます 譜例2-3,11 。義経は刀を抜いて戦いますが、弁慶が押し隔てて、数珠をもんで祈祷すると、亡霊は次第に遠ざかって姿を消し、白い波のみが残ります。

このように、〈早笛〉や〈舞働〉の音楽は、それぞれ平知盛の亡霊が登場する場面や、義経と亡霊が戦う場面を盛り上げています。

(2) 《船弁慶》前場と比べてみよう
――異なる雰囲気の能を感じ取る
🔘 2-26

前場の映像は、静御前が義経との別れの際に舞う場面です。この〈中ノ舞〉は、カカリ・初段・二段・三段の構成になっていますが、本映像には初段が収録されています。〈中ノ舞〉は能における囃子事（器楽曲）の一種で、八拍子（8拍からなるフレーズ）を基本とする舞事（舞踊曲）です。笛は呂・呂ノ中・干・干ノ中という4つのフレーズからなる旋律（呂中干）を繰り返します 譜例2-4 。呂中干形式で演奏される舞事には、他に〈男舞〉、〈神舞〉、〈序ノ舞〉などがあります。同じ呂中干を使っても、役柄や位によって緩急や間が異なります。静御前の優美な舞は、ゆったりとしたテンポで演奏されます。

舞は言葉を超えた喜怒哀楽の感情を伝えます。静御前の舞は義経に対する断ちがたい思い、別れを惜しむ気持ち、義経の未来を思う気持ちなどを表現しています。静御前の気持ちになって鑑賞しましょう。

音楽としての囃子にも注目してみましょう。前場の静御前の優美な舞を囃すときのゆったりした囃子、後場の義経と平知盛の戦いで繰り広げられ

能 | 59

る荒々しい躍動感のある囃子の対比などが注目点です。

囃子は演じている人を「囃す」役割があります。例えば、同じ手組を打っていても役柄や位の違いによって強弱・緩急・間が異なります。

前場・後場の曲想の違いを感じ取り、自分がお囃子の練習をする際の表現にも生かしましょう。さらに、自分がお稽古したところの音楽は、演劇や舞とどのように関連しているのかを感じ取りながら鑑賞し、自らの表現力を高めましょう。（田村にしき）

譜例 2-4 呂中干形式の能管の唱歌

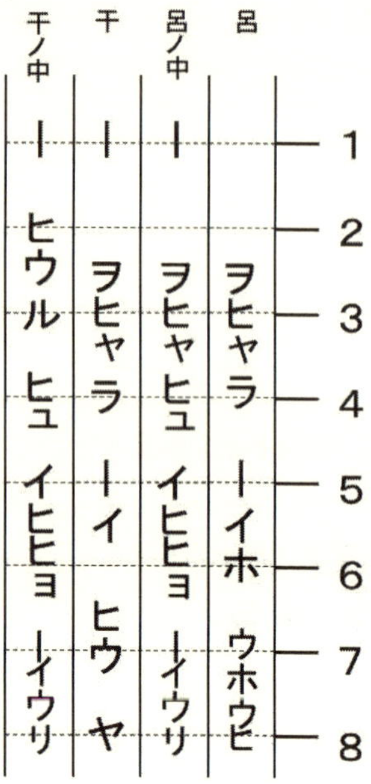
干ノ中
干
呂ノ中
呂
1
2
3
4
5
6
7
8
ヒウル
ヒュ
イヒヒョ
イウリ
ヲヒヤラ
イ
ヒウ
ヤ
ヲヒヤヒュ
イヒヒョ
イウリ
ヲヒヤラ
イホ
ウホウヒ

Ⅱ-4 譜例集

62頁以降に、DVD 教材の映像と対応する譜例集を掲載します。譜例とそれぞれの譜の記号の読み方や打ち方は以下の通りです。各楽器の特徴や唱歌については、Ⅰ-3も合わせてお読みください。

譜例 2-5　小鼓の〈三ツ地〉 2-7,12

〈三ツ地〉という名前は、三つ打つところからきている。

小鼓の譜の記号と打ち方

●「チ」薬指一本で打つ。左手は調べ緒を握る。

△「タ」薬指と中指で打つ。左手は握る。

フ「プ」人差指一本で打つ。左手は「扱う」。

○「ポ」全部の指で打つ。左手は打つ瞬間まで調べ緒を握り、打った直後に緩める。これを「扱う」と言う。

掛声は、「ヤ」は「ヨ」、「ハ」は「ホ」と掛ける。

譜例 2-6　〽その時義経少しも騒がず」の部分の謡と小鼓 2-7,11～13

小鼓の手組は〈三ツ地〉。

[譜例 2-7] 大鼓の〈コイ合〉 🎵 2-8

大鼓の譜の記号と打ち方
　△「チョン」　右手を真横に大きく構えてから、強く打つ。
　●「ドン」　右手を小さく構えて、弱く打つ。
　　掛声は、「ヤ」は「ヨ」、「ハ」は「ホ」と掛ける。

[譜例 2-8] ♪「その時義経少しも騒がず」の部分の謡と大鼓 🎵 2-8
　大鼓の手組は〈コイ合〉。

[譜例 2-9] 太鼓の〈コイ合〉 🎵 2-9

太鼓の譜の記号と打ち方
　　太鼓の譜では、右側の列を右手で、左側の列を左手で打つ。
　◎　大バチ　バチを握っている両手の位置を頭の高さぐらいまで上げて、打ち下ろす。
　○　中バチ　大バチの半分程度の高さまで両手を上げて、打ち下ろす。バチの先は目の高さぐらいの位置。
　・　小バチ　太鼓の面からあまり離さずに打つ。
　　「カタ」は、左手を右肩に付けるようにしてから斜めに打ち下ろす。
　　〈コイ合〉では、中バチは通常よりやや小さく打つ。
　　唱歌で練習するときは「ツ・ハ・ア、ツ・ヤ・ア……」のように唱えるが、演奏のときは[譜例 2-11]のように、「ハ」「ヤ」などの掛声だけを掛けながら太鼓を打つ。
　　太鼓の音には、大きく分けて2種類の音、つまり、つける音（バチを押さえるようにして響かせない音）と響かせる音がある。本解説書の太鼓の譜例において、◎○は響かせる音、・はつける音である。

[譜例 2-10] ♪「その時義経少しも騒がず」の部分の謡と太鼓 🎵 2-9
　太鼓の手組は〈コイ合〉。

[譜例 2-11] ♪「その時義経少しも騒がず」の部分の謡と小鼓・大鼓・太鼓
　🎵 2-10,13　能の楽譜にスコアは本来ない。このスコアは、授業用に新たに作成したもの。

[譜例 2-12] 能管の〈早笛〉の唱歌　🎵 2-15,21,22
　映像 🎵 2-15,21 は8行目1拍目までの省略版。

[譜例 2-13] 〈早笛〉の能管と小鼓　🎵 2-16,22
　映像 🎵 2-16 は2段目2行目1拍目までの省略版。

[譜例 2-14] 〈早笛〉の能管と大鼓　🎵 2-17,22
　映像 🎵 2-17 は2段目2行目1拍目までの省略版。

[譜例 2-15] 〈早笛〉の能管と太鼓　🎵 2-18,22
　映像 🎵 2-18 は2段目2行目1拍目までの省略版。

　　　　　　　　　　　　　　　　　　　　　　　　　　（中西紗織）

※譜例2-1～3, 5～8, 12～14　作成：森田都紀、譜例2-4　作成：田村にしき、譜例2-9～11, 15　作成：中西紗織

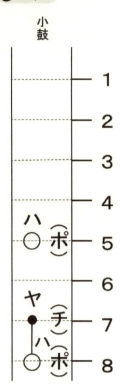

譜例 2-5　小鼓の〈三ツ地〉
2-7,12

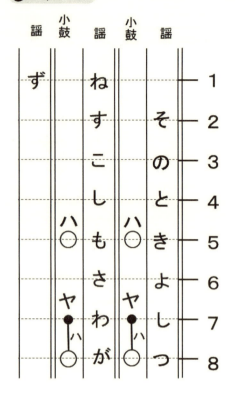

譜例 2-6　♪「その時義経…」の部分の謡と小鼓
2-7,11〜13

譜例 2-7　大鼓の〈コイ合〉
2-8

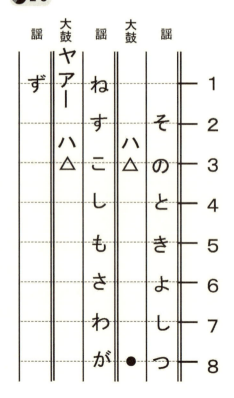

譜例 2-8　♪「その時義経…」の部分の謡と大鼓
2-8

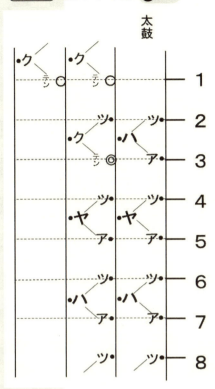

譜例 2-9 大鼓の〈コイ合〉 2-9

譜例 2-10 「へその時義経…」の部分の謡と太鼓 2-9

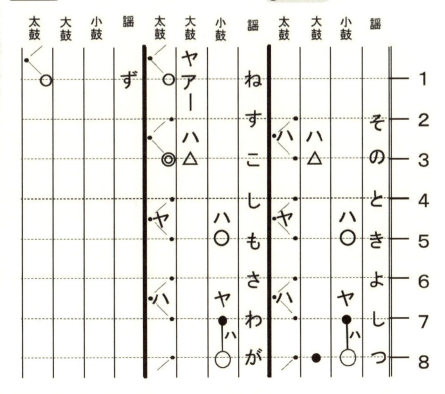

譜例 2-11 「へその時義経…」の謡と小鼓・大鼓・太鼓 2-10,13

譜例 2-12 能管の〈早笛〉の唱歌　🎵 2-15, 21, 22　※映像 🎵 2-15,21 は 8 行目 1 拍目まで

第1段（拍 1–8、右から左へ読む）：

拍	12	11	10	9	8	7	6	5	4	3	2	1
1	ー	ー	ー	ー	イ	ー	ー	ー	ー	ー	ー	ー
2	ヒ	ヒ	ー	ヲ	ヒ	ヒ	ー	ー	ヲ	ヲ	ヒ	ヒ
3	ヒ	ヒ	ヒ	ヒ	ャ	ヒ	ヒ	リ	ヒ	ヒ	ウ	ウ
4	ョ	ョ	ョ	ャ	ウ	ョ	ョ	リ	ャ	ャ	ラ	ラ
5	ウ	ウ	ウ	ウ	ラ	ウ	ウ	ト	ーウ	ーウ	ウ	ウ
6	ラ	ラ	ー	ラ	ウ	ラ	ラ	ヒ	ラ	ラ	ウ	ウ
7	ウ	ラ	ヒ	ラ	ラ	ラ	ラ	ウ	ラ	ラ	ラ	ラ
8	ラ	ー	ョ	ー	ウ	ウ	ウ	ー	ウ	ウ	ウ	ウ

第2段（拍 1–8）：

拍	8	7	6	5	4	3	2	1
1	リ	イ	ー	ー	ー	ー	ー	イ
2		ヲ	ヒ	ヒ	ー	ー	ヲ	ヒ
3		ヒ	ヒ	ウ	ヒ	リ	ヒ	ウ
4		ャ	ョ	ラ	ョ	リ	ャ	ラ
5		ロ	ウ	ウ	ウ	ト	ーウ	ウ
6		ル	ラ	ラ	ラ	ヒ	ラ	ウ
7		ラ	ウ	ウ	ウ	ョ	ウ	ラ
8		ー	ラ	ラ	ウ	ウ	ウ	ラ

※ この譜は能管の唱歌（口唱歌）を縦書きで記したものであり、上記表は列方向（右→左）に各拍を対応させた概略表記である。

譜例 2-13〈早笛〉の能管と小鼓 2-16,22 ※映像 2-16 は 2 段目 2 行目 1 拍目まで

＊小鼓の手組の読み方「打放（うちはなし）」「打込（うちこみ）」

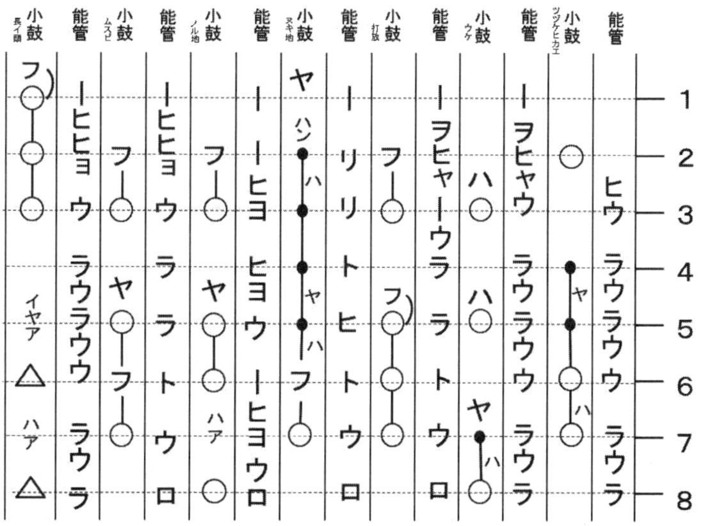

譜例 2-14 〈早笛〉の能管と大鼓 2-17, 22　※映像 2-17 は2段目2行目1拍目まで

＊大鼓の手組の読み方 「打切三段目（うちきりさんだんめ）」「打返（うちかえし）」「ヌク頭（ぬくがしら）」「打込（うちこみ）」

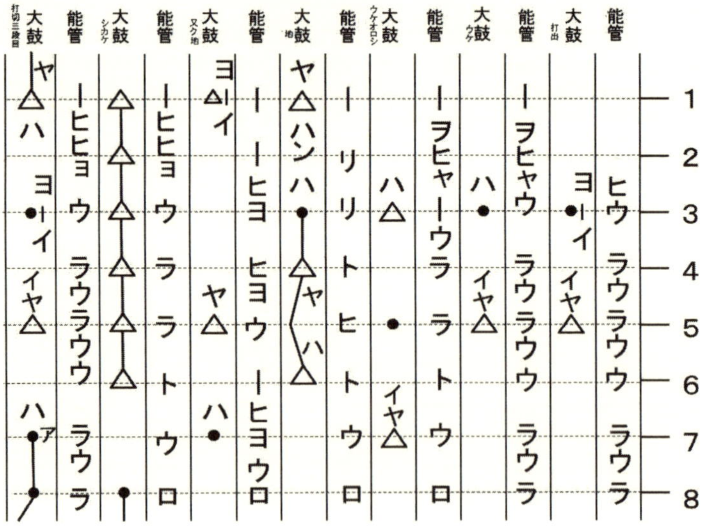

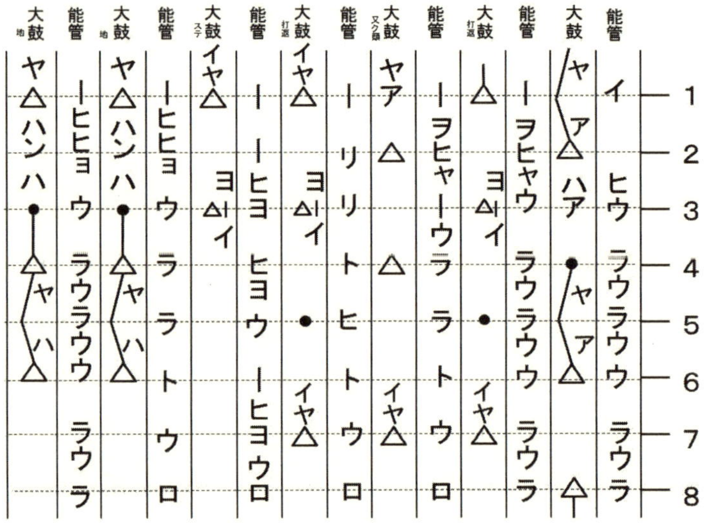

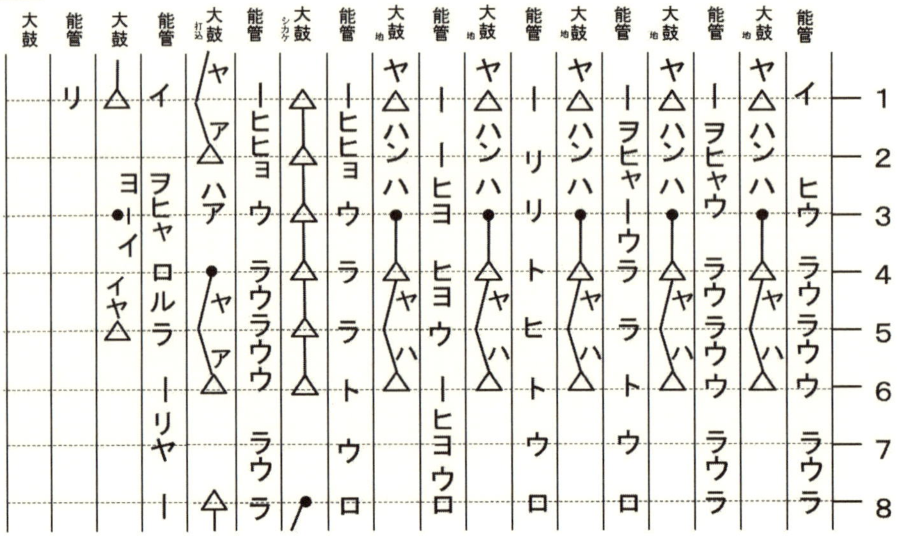

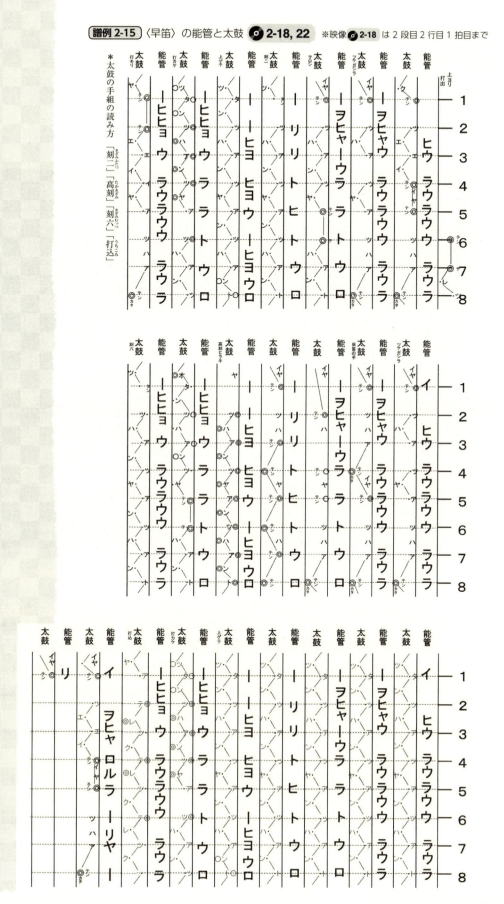

3 箏曲

※写真提供：深海さとみ

本章の ねらい

　本章では、箏曲の手ほどき曲である《さくらさくら》と、古典の代表的な作品である《六段の調》の演奏を通じて箏および箏曲の唱歌について学びます。箏曲を理解するために、主要な奏法と旋律のまとまりに着目します。箏を演奏する上で、演奏と唱歌は密接な関係にあります。奏法をことばで感覚的に伝える役割の他、師弟の稽古の際に注意すべき点を強調したり、奏法の微細なニュアンスを伝えたりすることができます。また、箏を演奏するときの身体や息の使い方も、唱歌を歌いながら弾くことで実感し理解することができます。

　Ⅰでは「箏曲の魅力」として、箏の唱歌の概要を紹介します。Ⅱでは「箏の唱歌を覚えよう」として、DVDの内容に即した具体的な奏法や旋律の唱歌の解説と唱歌の機能について紹介しています。Ⅲでは「箏の唱歌を授業に取り入れてみよう」として、音楽科での箏の学習を通じて育てたい力について述べ、実際に行った小学校での実践を紹介します。

I 箏曲の魅力

I-1 箏曲とは

(1) 箏曲の歴史

　箏を主奏楽器として演奏される音楽のことを箏曲と呼びます。箏は、奈良時代が始まる頃に中国から輸入され、主に宮廷音楽の雅楽に用いられました。江戸時代に八橋検校によって「俗箏」の音楽が創始されてからは、当道座の検校や勾当の官位をもつ、目の不自由な男性音楽家を中心に作曲や伝承が行われました。今日、箏曲と呼ぶ音楽はこの流れの音楽を指します。明治期の初めに当道座が廃止されて以降は、視覚の障害や性別の区別なく広く「家庭音楽」として親しまれて発達し、箏曲を趣味で楽しむ人はもちろんプロの音楽家が多くいる状況は、江戸時代も現在も変わりません。箏曲は当初、箏組歌と呼ばれる歌曲的性格が色濃い音楽でしたが、江戸時代半ば頃には、同じく当道座の音楽家が伝承していた最古の三味線音楽である地歌と結び付いて発展し、歌だけでなく器楽性を高めた作品が作られるようになります。当初は箏組歌の弾き歌いであった演奏形態も、やがて箏と三弦（三味線）、箏と箏の合奏が行われた他、箏と三弦と胡弓、箏と三弦と尺八という三種の楽器による三曲合奏が行われるようになりました。大正期に箏曲家の宮城道雄が現れて以降、西洋音楽の要素を取り入れた作品や、大合奏作品、協奏曲などもつくられるようになり、今日では多様な作曲形式、演奏形態が存在しています。

(2) 箏
——楽器の特徴

　「箏」は、箏の本体は桐製で全長6尺（約180センチ）が基本です。箏柱の位置で、13本の弦の音高を調弦します。奈良時代に雅楽の楽器として唐から伝えられたものです。「竜」を形取っているといわれ、各部の名称には「竜角」や、「竜口」など竜にちなんだ名前が付けられています 写真3-1 。

　中国の箏は周代末期の戦国時代（紀元前403年～221年）に秦の国で初めて用いられたといわれています。二十五弦の「瑟」を瑟の名手の二人の子どもが父の名器を巡って争ったため、父親は瑟を十二弦と十三弦の二つの楽器に作り替えてそれぞれを子どもに与えたという伝説があります。後に、十二弦の楽器は朝鮮に渡り「伽耶琴」となり、十三弦の楽器は箏として日本に伝わりました。この伝説は諸説あり、登場人物が始皇帝の二人の娘である説もあります。なお、当初の箏は竹製の胴であったといわれ、これらのことから楽器の文字が「竹冠に争う」と書く起源とも伝えられています。

　「こと」を漢字で書くとき、学習指導要領では「箏」（竹冠に争うの旧字体）、明治21年に文部省より我が国最初の箏曲の五線譜集『箏曲集』が刊行され

た際は「箏」（竹冠に争う）、江戸時代に刊行された箏組歌の歌詞を集めた本『琴曲抄』では「琴」の文字が当てられていますが、今日の演奏家や研究者は「箏」、楽器商などは「琴」を使うなど、現在も混用されています。楽器学としてみた場合、我が国の「箏」は13弦で可動式のブリッジ（箏柱）を動かして音高を決める楽器、「琴」はブリッジを持たず、指などでポジションを押さえて音高を決める楽器で「一弦琴」「二弦琴」「七弦琴」などがあり、全く別の楽器です。かつては「こと」は「弦楽器」の総称として用いられた言葉で、「琵琶」も「びわのこと」と呼ばれました。

奈良時代に伝来してからほぼその形を変えることがない箏も、約1300年の歴史の中で少しずつ変化しています。現在の箏は江戸時代に江戸の山田検校と箏師の重元房吉とによって改良された「六尺箏」（約180センチ）の長さのものが主流で、高価なものには「四分六」や「竜角」などに「象牙」が用いられ「竜口」には「蒔絵」が施されますが、基本的には装飾は省かれています。ところが、正倉院宝物には鼈甲飾りが施された箏の残骸が伝わる他、源氏物語絵巻などの絵画にも同様の装飾や磯に板が張られ装飾が施されている箏が描かれています。こうした箏は今日「飾り箏」「長磯本仕立箏」などと呼ばれ「螺鈿細工」や「蒔絵」などの装飾が施されたやや長めの190センチを超える長さの楽器です。その他にも五尺五寸（約165センチ）や五尺八寸（約174センチ）などの箏もあり、時代や地域によって様々存在しました。

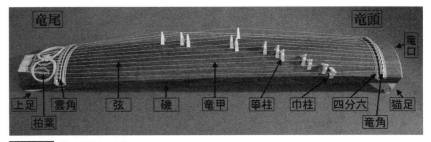

写真3-1 箏の各部の名称

（3）調弦法と唱歌

箏の調弦にはいくつかあり、基本となるのは「平調子」 譜例3-1 です。17世紀に八橋検校が考案したものです。「都節音階」となっています。以下にDVD映像で行なっている伝統的な調弦法を紹介します。 3-19 には、一の弦と五の弦を同音に合わせた「壱越平調子」の調弦法を紹介しています。なお、便宜上西洋音楽理論で用いる「完全4度」「完全5度」「オクターブ（完全8度）」の用語を用いて説明します。

❶ 一の弦を基音に合わせる

一を音叉、チューナーなどを使ってD「レ」の音高に合わせます。調弦は相対音高ですが、一般的には、 譜例3-1 のように一の弦をD（レ）に合わせます。映像では中指で一の弦を2度弾いていますが、最初に鳴らした

音を修正し2度目には正しい音高となるように合わせています。なお、中指ではなく親指で弾くこともあります。

❷ 二の弦

二は、搔き爪を用いて一から完全5度下の「ソ」に合わせます。

映像では搔き爪で2度弾いていますが、最初に鳴らした音を修正し2度目には正しい音高となるように合わせていきます。

❸ 三の弦

三は、合せ爪を用いて一から完全4度下の「ラ」に合わせます。映像では親指と中指のタイミングをややずらし気味の合せ爪で2度弾いていますが、最初に鳴らした音を修正し2度目には正しい音高となるように合わせていきます。

❹ 四の弦

四は三と半音です。このため、音高の差を耳で聴き分けることで半音を判定して合わせます。四を親指で2度弾き、次に三を親指で1度弾きます。これを唱歌で表すと「ツツーン、テン」となります。この合わせ方は五と半音である六でも同様です。

❺ 五の弦

五は、合せ爪を用いて一と同音に合わせます。DVD映像の中には一を五の1オクターブ下の音に合わせた作品を収録していますが、古典作品の場合、特に指示がなければ一は五と同音に合わせます。映像では五を合わせた後、三、四、五の音程のバランスを調べるために「五四三（コロリン）」と弾いて確認しています。

❻ 六の弦

六は、四を合わせるのと同様、「ツツーン、テン」と五との音高の差を耳で聴き分けることで半音を判定して合わせます。六を親指で2度弾き、次に五を親指で1度弾きます。なお、六は四と完全4度となりますので、映像では、合せ爪を用いて四とのバランスを確認しています。

❼ 七の弦以降

七は、二の1オクターブ上の音です。合せ爪を用いて合わせます。八の弦以降はそれぞれ、八は三の1オクターブ上、九は四の1オクターブ上、十は五の1オクターブ上、斗は六の1オクターブ上、為は七の1オクターブ上、巾は八の1オクターブ上にそれぞれ合わせます。なお、巾はやや高めに取ることで落ち着いた響きを得られることから、多くの演奏家はやや高めに合わせています。

古典の演奏を専門とする演奏家の中には半音をかなり低く合わせる人や、完全4度を狭め、完全5度を広めに取る人がいます。箏の調弦はその人の音楽表現の一部でもあると言えるほど、個人、流派、地域による差があるのが特徴です。

調弦を唱歌で表すと一例として次のようになります。

　　一………トン、トン
　　二………シャン、シャン（搔き爪）
　　三………テトン、シャン（一と三の合せ爪）
　　四………ツツーン、テン
　　五………シャン、シャン　※音程の確認のために……コロリン、コロリン
　　六………ツツーン、テン　※四とのバランスの確認のために……シャン、シャン
　　七………トテン、シャン（二と七の合せ爪。以降三と八、四と九、五と十、
　　　　　　六と斗、七と為、八と巾も同様）

譜例 3-1　箏の弦名と音高（「壱越平調子」に調弦した場合）　　譜例作成：長谷川愼

I-2　箏の唱歌

(1) 箏の唱歌の役割

　箏の魅力は何といってもその響きにあると言えるでしょう。右手にはめた爪で弦を弾くだけの単純な楽器ですが、それ故に弦を弾く位置、弾き方によって多彩な音色を得ることができます。「心が落ち着く音」「和風な音」「雅やかな音」など、その音は様々な形容詞で表現されます。

　目の不自由な音楽家が担ってきたジャンルだけに、唱歌が、創作、演奏、学習などの様々な場面で大きな役割を果たしてきました。箏には、彼らの繊細なセンスが生み出した多くの奏法があります。主には右手の親指で弦を弾きますが、人差し指と中指、時には左手や箏爪をはめていない右手の薬指を使って、多彩な音色を奏でます。18世紀終わりに出版された『箏曲大意抄』（山田松黒編）という本には、8種類の左手の奏法と17種類の右手の奏法が紹介されていますが、近代以降に多くの奏法が考案され、現行する奏法は30種類を超えます。

　箏の奏法にはそれぞれに唱歌が当てられており、奏法と実際の音や音色を結び付けて理解することや、奏法名は知らなくても唱歌で奏法を理解している学習者もあり、箏の学習における唱歌は「音」「音色」に直結したものであると言えます。

　また、箏といえば「コロリン、シャン」と表現されることもあるように、箏には旋律のまとまりを表す唱歌があります。「コロリン」「トテトテ」「ツンツンテン」など、旋律を言葉に置き換えて歌うだけでなく、楽譜を用いず唱歌を歌って曲を覚えたり、指導したりしていました。戦後、楽譜が普及して以降は楽譜を見て曲を習い、演奏し、暗譜をするようになりましたが、唱歌は曲の感じやフレーズ感を理解するためにも大事な役割をもって使われています。特に他の日本の伝統音楽同様に間を大切にする箏曲では、余韻の変化やテンポの揺れを唱歌で歌いその微妙なニュアンスを伝えます。

(2) 箏の唱歌の普遍性と多様性

　唱歌は師から弟子へ曲や表現を伝えるためのいわば「伝承の補助的な役割」を担っていたことから、現在では同じ曲の同じ部分であっても楽譜には異なる唱歌が書かれていることもしばしばです。

　譜例3-2 は、学習者が記した「手事簿」と書かれた唱歌による曲の備忘録の《六段の調》冒頭部分です。「テントンシャン、シャシャテツツツトンテツトンシャン」の部分を 譜例3-3 、譜例3-4 、譜例3-5 に書かれた同じ旋律と比較してみると旋律は同じであったとしても「テントンシャンシャシャコーロリチトンテントンシャン」 譜例3-3 、「テーエントンシャンイヤシャシャコーロリツトンテーツトンシャン」 譜例3-4 、「テーントンシャンシャシャコーロリンチントンコーロリンシャン」 譜例3-5 と少し異なることが分かります。次の節では箏曲家の深海さとみ氏が実際の指導で歌っている唱歌を楽譜で紹介しています。楽譜上の唱歌と実際の音の動きについて 3-20 と併せて鑑賞してください。

　この他にも《さくらさくら》を唱歌で歌う際、この教材では「ツンツンテン、ツンツンテン、ツンテンチンテン、ツンコロリン（以下略）」と紹介していますが、演奏者によっては最後の部分を「ツンチテツン」と歌うことがあります。このような違いは、伝承の系統、地域の差によるものでどれが正しいとか間違いということではなく、箏曲の唱歌のもつ多様性であると言えるでしょう。箏の唱歌には、師から弟子への「伝承」における普遍性があると同時に、上述のように長い伝承の歴史の中で生じた多様性があると言えます。

（長谷川慎）

譜例3-2 『手事簿』（明治期の手稿本）より
所蔵：長谷川慎

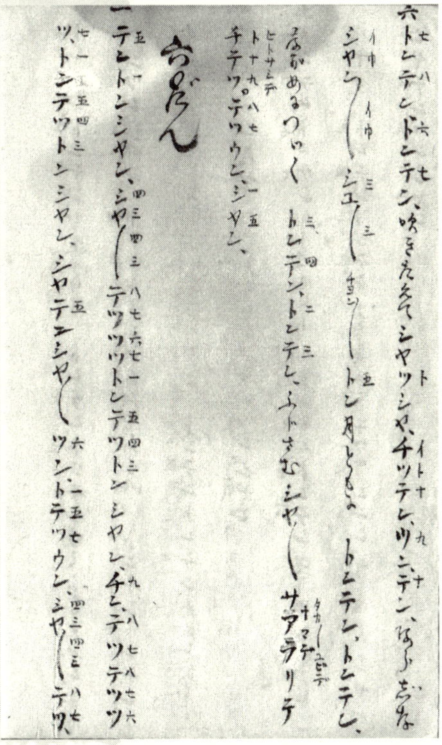

譜例3-3 宮城道雄著『生田流箏曲　六段の調　雲井六段』（邦楽社）より

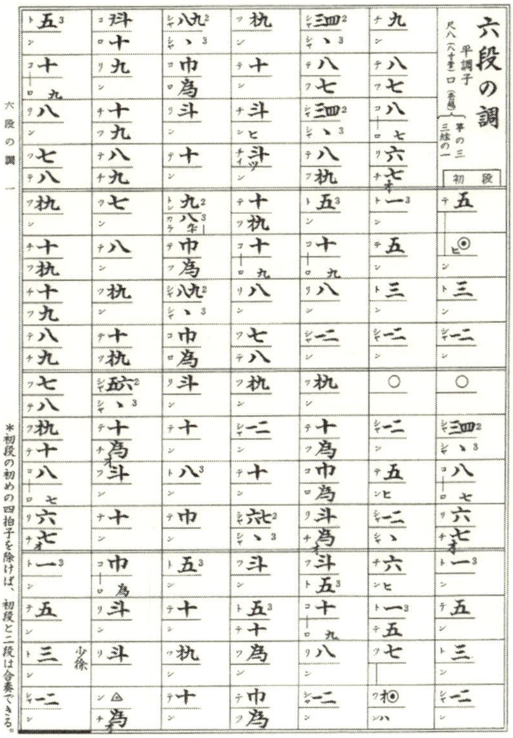

譜例 3-4 山口 巌（校閲）『標準琴曲楽譜　六段の調』（大日本家庭音楽会）より　　譜例 3-5 中能島欣一著『山田流箏譜　六段調　替手付』（邦楽社）より

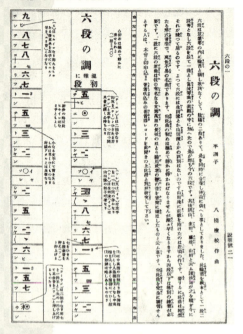

II　箏の唱歌を覚えよう

II-1　箏の唱歌の基本と代表的な奏法の唱歌

(1) 親指の奏法の唱歌
🔘 3-2,3

箏は親指、人差し指、中指の三本の指に箏爪をはめて演奏します。
　このうち、主に用いられるのは親指です。一音だけを弾く場合、「トン」「ツン」「テン」「チン」という唱歌で表わします。「テン」を基準として「チン」は1弦上の音、「ツン」は1弦下の音、2弦以上離れた下の音は「トン」で表します。「ン」は音価を示します。「テ」であれば8分音符のような短い音、「テーン」であれば付点音符や2分音符のような長い音を表します。

(2) 人差し指・中指の奏法の唱歌

親指には音高の区別がありますが、人差し指と中指にはその区別はなく、「トン」または「ト」を用います。「トトトト」という唱歌であれば、人差し指または中指で連続して弾いていることを示します。

(3) 右手の奏法の代表的な唱歌
🔘 3-6〜9,12〜17, 23〜26

掻き爪 🔘 3-7　隣り合う2本の弦を中指で同時に弾く奏法。曲の流れの中では人差し指で行うこともある。「掻き手」とも。唱歌では「シャ」、「シャン」と表す。

割り爪 🔘 3-8　掻き爪を2回、人差し指、中指の順番で行う。唱歌では「シャシャ」、「シャンシャン」と表す。最後に親指を弾いて「シャシャテン」と3本の指で演奏するのが一般的。 🔘 3-9 には掻き爪と割り爪を効果的に用いている宮城道雄の作品《手事》の一部分を収録している。

合せ爪 🔘 3-12　合せ爪は、親指と中指、場合によっては親指と人差し指で2本の弦を同時に弾く奏法。唱歌では「シャ」、「シャン」と表す。つまり、掻き爪、割り爪、合せ爪のように2本以上の弦を弾く場合の唱歌は「シャ」、「シャン」で表す。

輪連（われん） 🔘 3-13　連という奏法は「連続して」の意味。輪連は中指の爪の側面で第1弦と2弦を素早く擦る奏法。爪と弦が擦れる音を出す噪音的奏法の一つ。唱歌では「シュ」、「シュウ」で表す。

散らし爪 🔘 3-14　散らし爪は、輪連と似ているが、中指や、人差し指と中指の組み合わせで弦を擦る。唱歌では「シュ」、「シュウ」で表す。🔘 3-15 には、散らし爪を効果的に用いている宮城道雄の作品《線香花火》の一部分を収録している。

スリ爪 🔘 3-16　スリ爪は、人差し指と中指の爪の側面を使って弦を擦る奏法。爪と弦が擦れる音を出す噪音的奏法の一つ。唱歌では「ズー」、「ズーズー」と表す。🔘 3-17 には、スリ爪を効果的に用いている宮城道雄の作品《汽車ごっこ》の一部分を収録している。

カケ爪 🔘 3-23　カケ爪は、「六、七（以上人差し指）、五、六（以上中指）、十（親指）」のように、人差し指で隣り合う弦を2弦続けて弾き、次に中指で同様に2弦続けて弾き、最後に親指の順に弾く奏法。箏の最も古い奏法の一つ。唱歌では「トンレントンレンテン」で表す。細かいリズムの早カケ爪（カラカラテン）、人差し指を1本だけとした半カケ爪（トンカラテン）もある。

スクイ爪 🔘 3-24　スクイ爪は、親指で弾いた後、爪の裏側や横を使って戻す奏法。爪と弦が擦れる音を出す噪音的奏法の一つ。唱歌ではラ行の「リ」「ル」「レ」「ロ」で表す。戻す際に親指に人差し指や中指を添えて弾くスクイ爪（ルン、リン等）と、親指だけの往復やその連続で弾くスクイ爪（チリチリ、ツルツル、テレテレ等）がある。

裏連 🔘 3-25　裏連は、中指と人差し指の爪の裏側を使って高い弦から低い弦に向かって連続して弾く奏法。爪と弦が擦れる音を出す噪音的奏法の一つ。流派によって様々な弾き方がある。🔘 3-25 では最初、人差し指で巾を細かく鳴らし、その後中指と人差し指の裏側で6弦付近まで弾き、最後親指で九から六まで弾いて止めている。唱歌では「サーラリン」で表す。

押し合せ 🔘 3-26　押し合せは、隣り合っている、半音または全音関係にある弦の低い方を押し手で上げ高い弦と同音にしてから、親指で2本を同時に弾く奏法。唱歌では「リャン」と表す。

（4）左手の奏法の代表的な唱歌
🔘 3-10,11

後押し（あと） 🔘 3-10　後押しは、右手で弦を弾いた後に左手で柱の左側を押し、音高を上げる。唱歌では「ツーウン」、「チーイン」というように母音の変化で表す。

引き色 🔘 3-11　引き色は、右手で弦を弾いた後に左手で弦を引き緩めることで音高を下げる奏法。唱歌では「テーエン」、「ツーウン」、「チーイン」というように母音の変化で表す。

Ⅱ-2 余韻や音のまとまりを表す唱歌
―《六段の調》の唱歌にみる演奏表現

(1) 余韻の変化や間を伝える唱歌

　《六段の調》では、《さくらさくら》よりもさらに高度な古典曲の雰囲気を伝えるために唱歌を使用する例を紹介します。「コロリン」や後押しなどの奏法は特に注目すべき箇所ですが、余韻の変化や裏拍の間にも気を配って唱歌を歌ったり演奏したりしていることが分かります。撥弦楽器である箏は、音をつなげて聴こえるように演奏するのは難しいことですが、休符などにも意識を向けて唱歌を歌うことによって、まとまりを感じられるような演奏に近づくことができます。 3-20 には 譜例3-6 の部分を唱歌と演奏で収録しています。指導者は演奏では伝わりにくい微妙な音のニュアンスを学習者に伝えるために唱歌を歌う他、箏を演奏するときの身体や息の使い方までも伝えます。

譜例3-6 《六段の調》より〈初段〉冒頭5小節　　　譜例作成：平田紀子

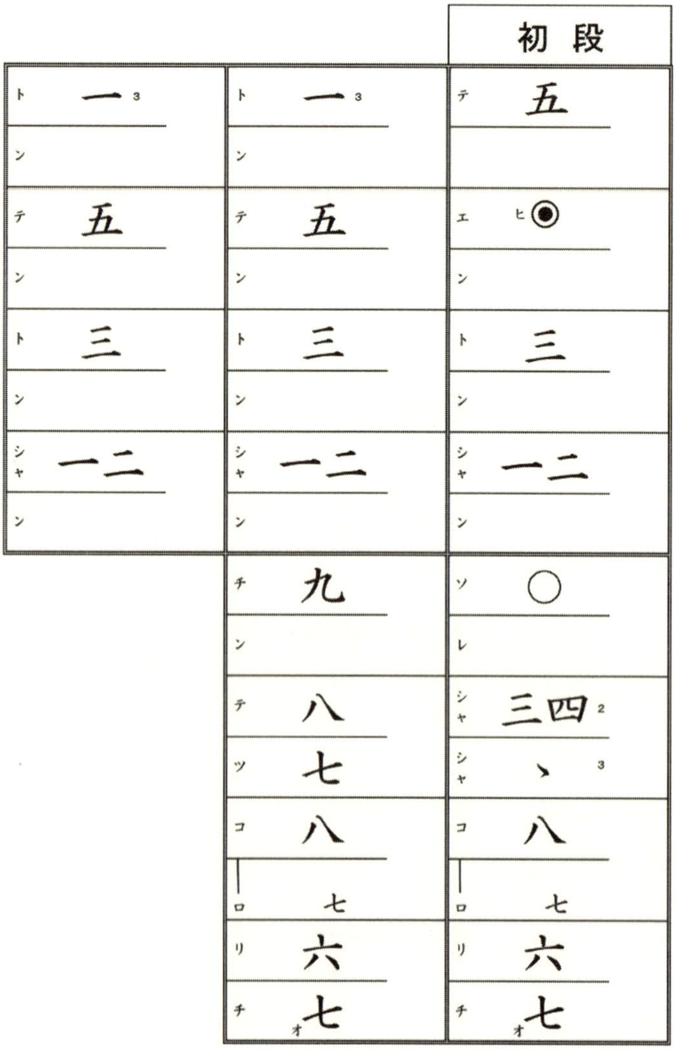

		初段
ト 一 ₃ ン	ト 一 ₃ ン	テ 五
テ 五 ン	テ 五 ン	エ ● ン
ト 三 ン	ト 三 ン	ト 三
シャ 一二 ン	シャ 一二 ン	シャ 一二
	チ 九 ン	ソ 〇 レ
	テ 八 ッ	シャ 三四 ₂ シャ 、₃
	コ 八 ｜ ロ 七	コ 八 ｜ ロ 七
	リ 六 チ 七 オ	リ 六 チ 七 オ

（2）様々なコロリンのリズム

🔘 3-21

「コロリン」には速さや弾み方によっていくつかのリズムがあります。[譜例3-7]はコロリンの3種類のリズムを示しています。特に弾んだリズムの「コーロリン」は、《六段の調》をはじめとして古典曲で多用されますが、習得が難しい表現の一つです。師匠は範奏だけでなく唱歌を歌って指導することでタイミングや強弱などの微細なニュアンスを学習者に伝えます。

[譜例3-7] コロリンの3つのリズム　　　譜例作成：長谷川慎

  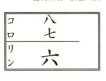

- **コーローリン**　通常
- **コーーロリン**　弾んだリズム
- **コロリン**　　　短いリズム

（3）様々な後押し

🔘 3-22

「後押し」には押し込むタイミングや、速さによって違いがあります。[譜例3-8]は3種類の後押しの譜例と音が上がるイメージ図です。特に「チーイ」（弾んだリズムの後押し）は、古典曲で多用しますが、習得が難しい奏法の一つです。唱歌を歌って指導することでタイミングや強弱などの微細なニュアンスを学習者に伝えることができます。

[譜例3-8] 後押しの譜例と音が上がるイメージ（3種類）　　譜例作成：長谷川慎

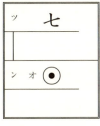  

- **ツーン**　拍に合わせて押す
- **ツン**　　すぐに押す
- **チーイ**　押し始めを遅らせ弾んだように押す

（4）旋律のまとまりを伝える唱歌の役割
🔘 3-27

唱歌には、奏法やコロリンなどの旋律を表すだけでなく、楽譜からは読み取りにくい旋律のまとまりを明確に表し伝えるという役割もあります。譜例3-9 は《六段の調》の〈四段〉冒頭8小節の楽譜です。楽譜は便宜上「4分の4拍子」で書かれていますが、拍子割りにとらわれないフレーズ感は、楽譜には通例記載されないので、学習者は師匠の唱歌を聴き覚えることでフレーズ感を身に付けていきます。🔘 3-27 では、〈四段〉の初めを例にして唱歌と演奏で紹介しています。分かりやすくするために、唱歌は少しオーバー気味に抑揚を付けてうたっています。実際の演奏と唱歌での演奏表現に着目して鑑賞してください。

（5）鑑賞：伝・八橋検校作曲《六段の調》
🔘 3-28

🔘 3-28 では《六段の調》を全曲演奏しています。これまで紹介してきた奏法や旋律の唱歌を感じ取りながら鑑賞しましょう。

なお、映像では演奏の最後にお辞儀をしていますが、これは箏を演奏する際にも礼儀や姿勢といった日本の文化を大切にしているからです。

（平田紀子）

譜例3-9 《六段の調》より〈四段〉冒頭8小節　　譜例作成：平田紀子

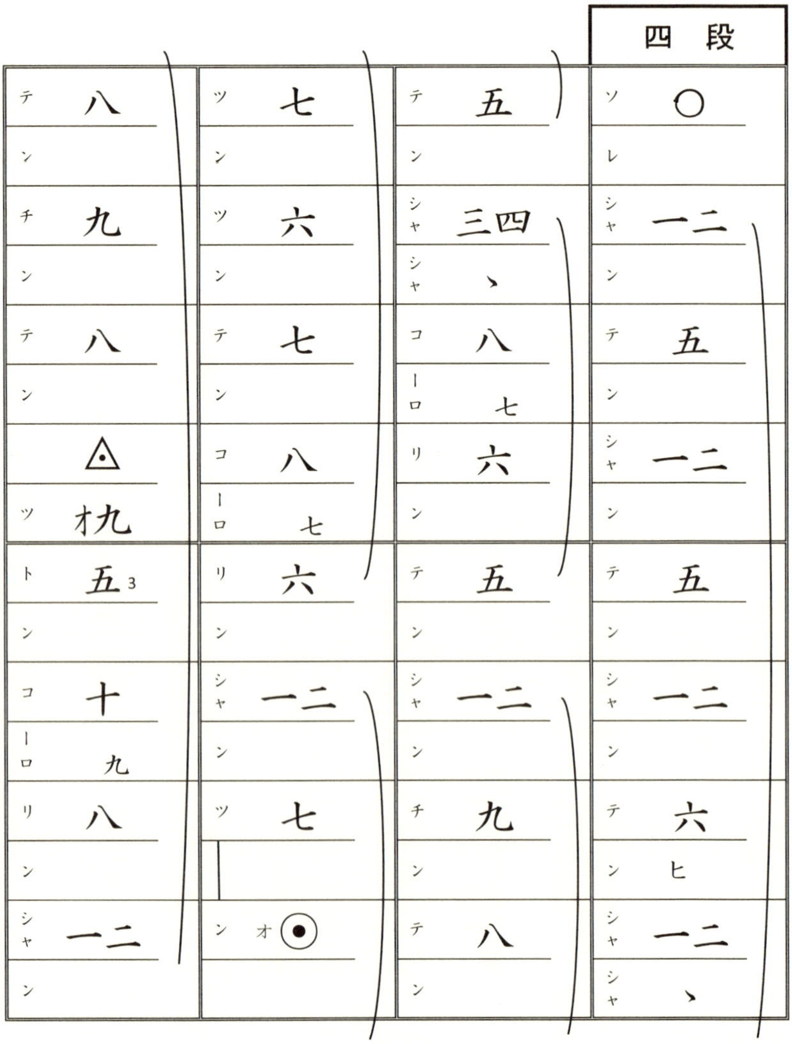

四　段			
ソレ ○	テン 五	ツン 七	テン 八
シャン 一二	シャシャ 三四、	ツン 六	チン 九
テン 五	コロリン 八七	テン 七	テン 八
シャン 一二	リン 六	コロ 八七	ツ △ 九
テン 五	テン 五	リン 六	トン 五 3
シャン 一二	シャン 一二	シャン 一二	コロ 十 九
テン 六 ヒ	チン 九	テン 七	リン 八
シャシャ 一二、	テン 八	ン オ ●	シャン 一二

譜例 3-10 箏曲《六段の調》〈初段〉伝・八橋検校作曲　　譜例・唱歌監修：深海さとみ　譜例作成：平田紀子

六段の調

深海さとみ楽譜・唱歌監修

〈初段〉

Ⅲ 箏の唱歌を授業に取り入れてみよう

Ⅲ-1 音楽科で箏・箏曲を取り扱う意味と育てたい力

　箏の学習を通じて、①音高だけでなく音色でも音楽を聴き取ることができる力、②多くの奏法があることから奏法と実際の音を結び付け音楽を理解する力、③西洋音楽にはあまり見られない日本音楽の特徴的な噪音的奏法を音色で感じ取ることができる力、④音と音との間にある間を感じ取ることができる力、⑤他の種目や和楽器への興味、関心、理解のために唱歌で曲を歌うことができる力、⑥簡単な曲を様式感をもって演奏することができる力を育てることができます。箏や箏曲について知識をもつことは、他者に日本音楽について説明することができる知識をもてることであり、子どもたちに日本人としてのアイデンティティをもたせることにつながることでしょう。

　これらの学びは、伝統音楽はもちろんのこと、現代社会で薄れゆく日本文化（姿勢、礼儀、作法、正座など）の理解や、箏や箏曲に親しみをもち、良さを味わえる感性の育成につながり、これらの学びが日本音楽全体への興味、関心、理解へとつながると考えます。

（長谷川慎）

Ⅲ-2 箏の唱歌を取り入れた授業実践

授業実践協力：東京都国立市立国立第六小学校・岡本直広（同校教諭）

(1)《さくらさくら》の教材性について
🎵 3-3,5,18

　《さくらさくら》の旋律は、日本古謡として古くから箏の手ほどき曲に用いられてきました。小学校第4学年の歌唱共通教材として取り扱われており、近世以降の伝統的な箏の調弦である平調子の美しさを味わえる曲です。また、弾きやすい七の弦が開始音であることや、音の移動先がほとんど隣接する弦であることから、箏が未経験の子どもでも取り組みやすい教材です。さらに、唱歌の「ツンツンテン（イヤ）」で裏拍を感じ取ったり、箏らしい唱歌の「コロリン」が使われていたりと、箏の基本的・代表的な唱歌が用いられている教材であるとも言えます。

（授業者の指導案より山内雅子抜粋）

譜例 3-11 《さくらさくら》

譜例・唱歌監修：深海さとみ
譜例作成：平田紀子・長谷川慎

(2)「コロリン」の工夫
🔘 3-4

　DVDに収録されている授業映像は、《さくらさくら》を教材として用い、「唱歌を歌うことで、旋律の特徴をつかみ、唱歌を意識しながら「ツンテンチンテンツンコロリン」の部分を箏にふさわしい演奏に工夫する」ことを目標としたものです。

　《さくらさくら》の冒頭「さくら、さくら」の部分を演奏しました。唱歌では「ツンツンテン、ツンツンテン」です。ただ旋律を演奏することではなく、伝統的な「姿勢と構え方」を守りながら、音色にこだわりをもって演奏するという点を児童に伝えました。箏という楽器は単純な発音構造をもっているからこそ、弾く位置や弦の弾き方で様々な音色を出すことができる反面、「この位置で」「このような弾き方」で弦を弾くことが求められる楽器でもあります。「姿勢と構え方」は、導入時にしっかりと押さえたいポイントです。

　基本的な構え方と弾き方を学んだ後、教師から箏の唱歌の説明を受け「ツンツンテン、ツンツンテン」の唱歌を歌いました。1面の箏を2名で扱い、一人が演奏している間はもう一人の児童は唱歌を歌います。演奏と唱歌を交互に繰り返していく学習は、互いに演奏を聴き合うことを通して、初めて出会う楽器への学びの深化につながります。

　まず、「野山も里も」の部分を学習しました。唱歌では「ツンテンチンテンツンコロリン」です。授業の中心は、どのような唱歌で歌うと曲想にふさわしい「コロリン」の演奏ができるかを工夫する活動です。教師は活動の初めで、「コロリン」は「おむすびが転がる感じ」であるとして3つのイメージのイラストを示しました。

　この授業では教師は唱歌と演奏の「言葉の響きと音色」に着目しました。「コロリン」を唱歌と実際の演奏で、ア）3つの音にアクセントを付けたもの、イ）3つの音をだんだん弱くしたもの、ウ）3つの音をだんだん強くしたものの3つを提示し、児童にどれが曲想に合っているかを考えさせて演奏する活動を行いました。児童らは3つの「コロリン」から一つの歌い方を選び二人で歌い、その後、唱歌にふさわしい演奏を工夫していました。まとめの発表では児童たちは最初に唱歌のみで発表し、次にその唱歌を箏で弾き、旋律や音色に関わる発言が出た場合は、全員で演奏してみて良さを共有しました。

(3)ゲストティーチャーとの関わり
🔘 3-29

　DVDに収録した場面は、ゲストティーチャーが演奏時の身体の使い方を中心に適切な指導を行った授業の最後の10分間です。ゲストティーチャーは「コロリン」「ツンテン」の弾き方について、指先だけで弾くのではなく、姿勢、腰の使い方、息の使い方を指導し、わずかな時間の指導で、子どもたちが奏でる箏の音がだんだんと変容していく様子がお分かりいただけると思います。

　演奏家が行う実際の箏の稽古では、唱歌を歌うのは指導者であり、学習者は演奏を模倣し指導者の歌う唱歌からニュアンスを感じ取ります。

　授業ではゲストティーチャーは次のように指導をしています。

GT そうそう。身体で弾くと、音が違ってくる。みんなの音も、「コロリン」が、すごく良くなった。ではもう１回、さんはい！
（演奏）コロリン

GT その「リン」が響くってこと、いい？　「コロリン」、「リン」が響いてる。響きが大事なの、お筝ってね。余韻が大事なの。響く、いい？「コロリンー」、「リンー」響かせよう。「コロリン」、止めちゃうと止まっちゃうの。そこで力を入れると止まっちゃうの、音が。いくよー、そのつもりで「コロリンー」って響かせよう。さあ、息を吸って！（中略）
（演奏）コロリン

GT お、いいね、響いたね。この響きを大事にね。ではね、はい２番さん。しっかり息を吸って弾く、それから「コロリン」のとき身体を前にやる。その二つができればね、とっても上手に聴こえる。いくよ、はい、先生見る。正面見てると、お客さん大体正面にいるからね。お筝見ながら弾くんじゃなくて、正面見ながら弾くんだよ。そう、そうすると自ずと背中がピンとなる。はい、いくよ。左手出す、左手出す。肩の力を抜く、肩の力を抜く。（以下略）

　この言葉掛けからは、筝の演奏をする際には指先だけで弾くのではなく、姿勢、息を吸って吐くこと、肩の力を抜くという身体の使い方の大切さと、「リン」の部分の響きを意識させるために唱歌でニュアンスを伝えていることを感じ取ることができます。

(4) 音楽科授業での唱歌を用いた筝の指導

　伝統的な筝の稽古では学習者が主体的に演奏できるようになるために、初歩の段階では、座り方、手の構え方、姿勢、弦の弾き方など基本について師匠の真似をしながら学んでいきます。我が国の音楽は、言葉との密接な関係の上に成り立っており、日本語の抑揚やリズム、響きによる多様な表現が豊かな音楽を生み出してきたと言えます。楽器の旋律やリズムなどを声に置き換えて歌う唱歌は、和楽器の学習において伝統的に用いられており、師匠が唱歌を歌い、学習者はそこから音楽表現を感じ取るということが、唱歌の一つの役割です。
　DVDで紹介した題材では、筝の学習に唱歌を用いる伝統に根ざした学びを目指しました。音楽科の学びにおいて唱歌を用いることは、リズムのみならず、間や音色、奏法、強弱、フレーズ等といった言葉の特徴をつかむことにつながります。また和楽器の演奏を学ぶときも聴くときも、唱歌を歌うことで楽しく行えます。「ツンツンテーン、ツンテンチンテン、ツンコロリーン」と授業終了後に児童らが《さくらさくら》の唱歌を歌いながら楽しげに音楽室を後にする姿を見ることができるでしょう。伝統的に受け継がれてきた唱歌を音楽科の授業に取り入れることで、音色、リズム、旋律、拍の流れやフレーズなどの音楽を特徴付けている要素や音楽の仕組みについて、唱歌を歌うことで理解しそれが子どもたちの音楽表現の工夫につながっていくことを、唱歌を用いた筝の器楽指導で学ぶことができるのです。　　　（山内雅子・長谷川慎）

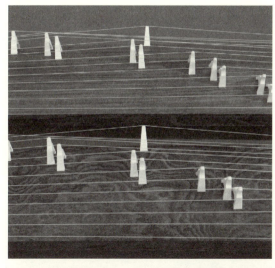

写真 3-2 箏の杢目

箏の材料には桐が用いられる。表面を焼いて仕上げられる。杢目には柾目（上）と板目（下）がある。杢目によって音色が異なり、柾目の箏は希少性も高い。

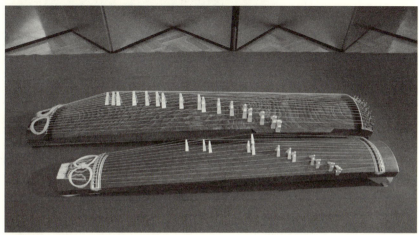

写真 3-3 十七弦（上）　箏（下）

写真上は大正年間に宮城道雄が考案した十七弦。全長、全幅、箏柱、竜甲の厚さ全てが大型化されて弦もより太いものが使われ、豊かな低音が響くため、邦楽の合奏では重要な楽器として用いられている。明治以降多くの演奏家によって箏の多弦化が試みられた。現在は十七弦の他、二十五弦や三十弦の演奏家も活躍している。

写真 3-4 箏の三重奏の例

左から第一箏（高音部）　第二箏（中音部）　十七弦（低音部）

4 長唄

三味線

大鼓

小鼓

本章の ねらい

　長唄は唄と三味線と囃子による合奏音楽です。この章では、長唄で使われる楽器の中から、三味線と大鼓と小鼓の唱歌を取り上げます。

　三味線については、長唄《小鍛冶》の中から、唄の伴奏部分と、楽器だけで演奏する合方と呼ばれる部分を取り上げ、それぞれの唱歌を紹介します。唄の伴奏部分は、自分たちで唄も実際に歌って、三味線の唱歌で伴奏してみましょう。学校に三味線があれば、唱歌を覚えた後に、ビデオを見ながら、実際に楽器を弾いてみてください。

　囃子の唱歌は、大鼓と小鼓の二つの楽器の演奏するリズムがひとまとまりになっています。最初にビデオを見ながら、《石段の合方》の大鼓と小鼓の唱歌を覚えましょう。次に、楽器を構える姿勢で、大鼓や小鼓のリズムを手で打ってみましょう。

I 長唄の魅力

I-1 長唄とは

(1) 長唄の音楽的特徴
🔴 4-1

　長唄は、唄と三味線、囃子で構成される合奏音楽です。囃子を加えずに唄と三味線のみで演奏することもあります。「長唄」という名前の通り長い曲が多いのですが、曲の内部がいくつかの部分に分かれているので、部分ごとにテンポや旋律のもつ雰囲気、合奏の仕方などを変えることで、1曲の中での変化を楽しむことができる音楽です。

　変化をつけるときに重要なのが唄の分担です。唄は1曲の中で、全員が同じ旋律を歌う箇所（ツレ）と、唄い手が順番に一人ずつ演奏する箇所とがあり、ツレの部分と一人唄いの部分との対比が曲のメリハリをつくります。

　長唄の三味線は、基本的に全員が同じ旋律を演奏します。大勢の三味線奏者が同じ旋律を演奏することで生まれる華やかさは、長唄の魅力の一つです。三味線の旋律は、拍節感がはっきりしているのが特徴です。三味線の基本的な役割は唄の伴奏ですが、多くの長唄曲では、「合方」と呼ばれる楽器だけで演奏する部分があり、この部分では楽器で情景や雰囲気が表現され、楽器の音色や技巧を楽しむことができます。合方では、「本手」と呼ばれる基本の旋律に加えて、「替手」という第2の旋律が加わることもあります。

　囃子は、大鼓、小鼓、太鼓、笛という4種類の楽器を用います。これらの楽器は、能の囃子と共通ですが、長唄では、能で使う笛（能管）に加えて、竹製の笛（篠笛）も使用します。また、能の囃子ではそれぞれの楽器を1人で演奏しますが、長唄の囃子では小鼓を2人、あるいは3人以上で演奏することもあります。囃子は、テンポや拍子を分かりやすく示す役割をもち、また唄や三味線と一緒に曲の雰囲気をつくり上げる役割ももっています。

　義太夫節や常磐津節、清元節などの「語り物」の三味線音楽とは異なり、長唄は「歌い物」の音楽です。「語り物」では言葉（歌詞）のもつイントネーションが旋律を生み出す原動力となりますが、「歌い物」の場合には、三味線が奏する旋律と拍子に寄り添いながら唄が歌われます。長唄では「唄の節は付かず離れず（不即不離）」という言い方があり、唄の節は三味線の旋律とぴったりと同じではいけないが、離れすぎてもいけないと考えられています。演奏を聴くときに、唄と三味線の旋律の関係に気を付けながら聴いてみると面白いでしょう。ただし、長唄は他の様々なジャンルの音楽の特徴を取り入れながら発展した音楽なので、曲の中に「語り物」の要素が入ってくることもあります。このDVDで取り上げた《小鍛冶》の唄は、そのような「語り物」の要素が強い部分です。

(2) 長唄の歴史と代表曲

　長唄は18世紀前半に歌舞伎舞踊を伴奏する三味線音楽として生まれました。歌舞伎は、江戸時代の都市に住む庶民たちの愛好した芸能で、現在のテレビや映画のような存在、そこで演奏される長唄は江戸時代のポピュラー音楽だったと言えるでしょう。

　長唄が成立した頃の歌舞伎では舞踊は女方の役者が踊るものが主流でした。現在でも歌舞伎でしばしば上演される《京鹿子娘道成寺》は、長唄初期の代表曲です。19世紀初頭になると、変化舞踊と呼ばれる短い曲を何曲かつなげて踊る上演形式が流行します。一人の役者が、曲ごとに異なる役に扮して、その変化を楽しむのが変化舞踊です。このDVDで取り上げた《小鍛冶》も変化舞踊の中の1曲として作曲されました。変化舞踊から生まれた長唄の代表曲としては、他に《越後獅子》や《供奴》、《藤娘》などがあります。

　長唄は、歌舞伎の舞台で芝居が行われるときには、舞台の雰囲気を描写する音楽を舞台の下手（観客から見て左側）で演奏します。この音楽は黒御簾音楽と呼ばれ、例えば、幕が開いたときに寺社の賑やかな場面であれば《社殿の合方》が、幕が開いたときに大川（隅田川）の近くの場面であれば《佃の合方》が演奏されます。このDVDで取り上げた《石段の合方》も黒御簾音楽の曲の一つです。

Ⅰ-2　三味線について 4-2〜15

(1) 三味線の奏法
4-9,10

　三味線を構えるときには、胴（皮を張った四角い共鳴箱）を右膝の上に置きます。このときに、胴全体を膝の上に乗せるのではなく、胴の半分は膝より外に出るように乗せると、弾きやすいでしょう。構えたときに棹の上に出ている二の糸の糸巻が、おおよそ耳の高さにあるのが良い構えです。3本の弦のうち、楽器を構えたときに一番上にあるのが一の糸、真ん中が二の糸、一番下が三の糸です。本調子という基本の調弦では、3本の弦がシーミーシになるように合わせます。三味線は唄の伴奏楽器なので、唄い手の声の高さに合わせて調弦します。したがって、3本の弦の音程関係が同じであれば、絶対的な音の高さは違っても構いません。DVDに収録されている《小鍛冶》も本調子の曲です。

　三味線を弾くときの基本奏法は、撥を上げて、弦を上から弾く奏法です。弦だけを弾くのではなく、三味線の胴を太鼓と考えて、太鼓を打つイメージで弾いてみるとよいでしょう。

写真4-1　三味線の構え方

譜例4-1　本調子の調弦（相対音高）

三味線の糸は3本ですが、左手で糸を押さえることでいろいろな高さの音をつくることができます。糸を押さえない開放弦は、その弦の最低音です。棹の一番上を押さえると開放弦より半音上の音が出ます。1本の糸で1オクターブ半の音域をカバーすることができ、しかもフレットがないので微妙な音程の変化もつくることができるのが三味線の特徴です。糸を押さえるときには、人差し指、中指、薬指の3本を使います。どの指を使うかは勘所やその前後の音との関係で決まっていますので、旋律を覚えるときに指使いも一緒に覚えるようにしましょう。押さえる場所（勘所）を覚えるのは、最初は難しいので、左手の勘所も右手の撥も気になると思いますが、弾くときには、なるべく手を見ずに、正面を向いて演奏できるようになりましょう。

　基本奏法の他に、三味線でよく使われる奏法にスクイとハジキがあります。スクイは糸を下から撥ですくい上げるようにして弾く奏法、ハジキは撥を使わずに左手の指で糸をはじいて音を出す奏法です。同じ高さの音であっても、奏法が異なると三味線の音色が異なるので、旋律を覚えるときには、音の動きだけでなく、どの音をどの奏法で弾くのかも一緒に覚えることが大切です。

　撥の持ち方や勘所、指使いなどについてのより詳しい説明は、巻末の「もっと知りたい人のために」に挙げた三味線の解説書を参照してください。

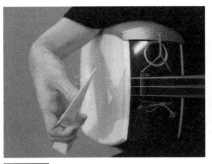
写真4-2 三味線の基本奏法

写真4-3 三味線の糸の押さえ方

（2）三味線の唱歌
4-8.13,14

　三味線の唱歌は、口三味線といいます。口三味線を覚えると、①どの糸を弾くか、②開放弦か勘所を押さえるか、③基本奏法か特殊奏法（スクイやハジキ）か、という3種類の情報をそこから知ることができます。詳し

表4-1 口三味線の仕組み　　　　　　　　　　　　　　　　　　　　　　作成：小塩さとみ

音の作り方	奏　法	一の糸・二の糸	三の糸（二の糸）
開放弦 （左手で糸を押さえない）	基本奏法（弾く）	（ドン）トン	テン
	スクイ・ハジキ	ロン	レン
左手で糸を押さえる （勘所音）	基本奏法（弾く）	ツン	チン
	スクイ・ハジキ	ルン	リン
重音（2本一緒）	基本奏法（弾く）	シャン	チャン

くは、**表4-1**に示した区別があります。二の糸は一の糸の直後に弾くときには、三の糸と同じ口三味線を使うことがあります。

　例えば「チンチリリン」という口三味線は「チン／チ／リ／リン」という4つの音からなり、三の糸の同じ勘所を押さえたままで「弾く（基本奏法）／弾く（基本奏法）／すくう／はじく」と演奏しますが、同じ高さの音でも奏法によって音色が異なります。また、その音色は虫の声を模しているようにも聞こえます。このような音色を重視する傾向は日本独特の文化とも言えるでしょう。

　このDVDでは《小鍛冶》の中から、唄の伴奏部分と合方の2箇所を選んで口三味線を紹介しています。

(3) 長唄三味線の楽譜

　長唄の三味線の楽譜は、明治以降に作られました。流派により様々な楽譜がありますが、現在、広く使われている楽譜には文化譜と研精会譜の2種類があります。以下に《小鍛冶》の〈拍子の合方〉冒頭の楽譜を示します。

譜例4-2 文化譜の例　《小鍛冶》の〈拍子の合方〉冒頭

譜例4-3 研精会譜の例　《小鍛冶》の〈拍子の合方〉冒頭

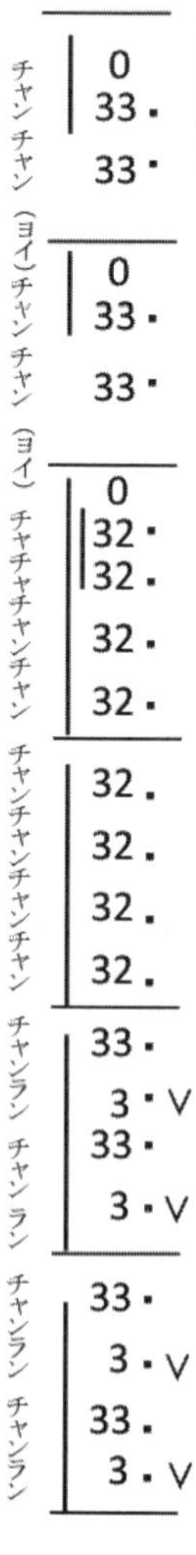

　文化譜は、左手で押さえる勘所の位置を記した奏法譜です。開放弦を「0」、棹の一番上の勘所（開放弦より半音高い音が出る）を「1」、開放弦の1オクターブ上の音が出る勘所が「10」となるように勘所に番号を振り、その番号が楽譜に記されています。本調子では、「4」の勘所を押さえると、二の糸の開放弦の1オクターブ上の音が出ます。音の長さは下線で表します。1小節に同じ長さの音が2つのときには下線なし、1小節に同じ長さの音が4つ入るときには下線が1本、音の長さが半分になると下線の数が増えていきます。スクイの奏法で弾く音は数字の下に「ス」という文字が、ハジキの奏法で弾く音は数字の下に「ハ」という文字が記されます。

　研精会譜は縦書きで、数字は相対的な音の高さを示す音高譜です。西洋の音名のドレミファソラシを1から7の数字に置き換えて示し、半音は「♯4」や「♭7」のようにシャープやフラットを使って記します。記号の使い方からも分かるように、この楽譜は西洋の記譜法から影響を受けて作られたものです。音域は数字の右または左に点（・）を付けることで区別します。本調子の場合一の糸は「・7」、二の糸は「3」、三の糸は「7」と表記します。スクイの奏法で弾く音は数字の右に「∨」という記号を、ハジキの奏法で弾く音は数字の右に「∩」という記号を添えて記します。

文化譜は演奏するときにどの勘所を押さえればよいかすぐに分かるのが長所です。ただし演奏しない人が楽譜を見ても、どんな旋律なのかを知ることはできません。一方、研精会譜は音高譜なので、楽譜を見ればどんな旋律なのかを知ることができます。ただし、演奏するときには、その音を出すためにどのように弾けばよいのか（どの糸を弾くのか、開放弦を弾くのか勘所を押さえて弾くのか、押さえる勘所はどこなのか）を演奏者が覚えておく必要があります。

　文化譜も研精会譜も数字の楽譜に添えて、口三味線が書かれています。三味線では同じ高さの音を違う糸で弾くことができます。例えば三の糸の開放弦の音は、二の弦で文化譜の「6」の勘所を押さえた音と同じ高さです。しかし、開放弦と勘所を押さえた音は音色が異なるので区別する必要があります。口三味線では、前者を「テン」、後者を「ツン」というので、どちらの弾き方で音をつくるのかを確実に覚えることができます。

Ⅰ-3　囃子（大鼓と小鼓）について 🔊4-16〜28

(1) 大鼓の奏法と基本の唱歌

　大鼓は楽器を左の膝の上に置き、右手の中指と薬指にはめた指皮（ゆびかわ）で打ちます。楽器を構えたときに右手が自然な形で革のところに置かれているのが基本の姿勢です。楽器を打つ直前に右手を大きく前に出して、勢いをつけて楽器を打ちます。

　大鼓の唱歌は、強い音で打つときには「チョン」、弱い音で打つときには「ドン」といいます。小鼓と大鼓がペアになって、二つの楽器の音が絡み合ってリズムフレーズをつくるときには、小鼓の休止を示す「ス」という唱歌のときに大鼓を打ちます。

写真4-4　大鼓の構え（左）と打ち方（右）

(2) 小鼓の奏法と基本の唱歌

　小鼓は左手で楽器を持ち、右の肩にかついで構えます。右手は革の部分に自然に添えて楽器を支えます。左手で調（しらべ）という紐を握りますが、調を強く握ったまま打つと高い音（甲音（かんおん））が、楽器を打つ瞬間に握っていた調を放すと低い音（乙音（おつおん））が出ます。楽器を打つときには、構えているときに革のところに置かれていた右手を下方に伸ばし、下から勢いをつけて、右手の指先で革を打ちます。

　写真4-5は甲音「タ」を打ったときのもの、**写真4-6**は乙音「トン（ポン）」を打ったときのものです。左手の調の握り方が違うのが分かります。

長唄 | 89

写真4-5 小鼓の打ち方（甲音）

写真4-6 小鼓の打ち方（乙音）

（3）大鼓と小鼓が演奏するリズムの特徴

　長唄の囃子には、トッタン拍子とチリカラ拍子という2種類の様式があります。トッタン拍子は、能楽囃子とほぼ共通の手（リズムパターン）を演奏します。一方のチリカラ拍子は、長唄囃子独自の様式で、三味線の旋律やリズムに沿った手が付けられています。DVDに収録した《石段の合方》の囃子は、チリカラ拍子で手が付けられています。

　チリカラ拍子では、大鼓と小鼓が絡み合ってリズムフレーズを構成します。大鼓と小鼓は共通の唱歌を言い、小鼓の休止を表す「ス」という唱歌のときに大鼓が打ちます。例えば「スタスタスットン」という唱歌では、「ス」のときに大鼓が打ち、「タ」のときに小鼓が調を強く握った甲音を打ちます。チリカラ拍子の「チリカラ」も大鼓と小鼓の唱歌です。「チリ」のときに大鼓が2回連続して打ち、「カラ」のときに小鼓が調を強く握って甲音を2回打ちます。「チリカラチリトト」という唱歌の場合には、後半、大鼓が2回打った後に小鼓が調を放して乙音を2回打ちます。チリカラ拍子の手（リズムパターン）は長唄曲でよく使われるので、《石段の合方》の唱歌を覚えると、他の曲を聴いたときにも聴き取れると思います。

（4）大鼓と小鼓の楽譜

　囃子の楽譜は「ツケ」と呼ばれます。チリカラ拍子の場合、ツケにはその唱歌を書き記しますが、よく使われる手については、唱歌を記号に置き換えたものが楽譜になっています。小鼓の甲音である「タ」や大鼓の「ス」は唱歌をそのままカタカナで書きますが、大鼓の「チョン」は△、小鼓の「ポン」または「トン」は○で示します。また、頻繁に使われる手には、別の記号を当てはめます。例えば、「スタス」という唱歌は×の記号で大鼓－小鼓（甲）－大鼓という3つの音を打つことを示します。「チリカラ」（大鼓2つ－小鼓の甲音2つ）は＃、「チリカラチリトト」（大鼓2つ－小鼓の甲音2つ－大鼓2つ－小鼓の乙音2つ）は＃＃と書きます。主な記号については 図4-1 に示します。

（小塩さとみ）

図4-1 囃子のツケで使われる記号の例　　　　　　　作成：望月晴美

II 唄と三味線の唱歌を合わせよう
—— 長唄《小鍛冶》 ● 4-1～15

II-1 教材選択について

　このDVDでは、長唄《小鍛冶》を教材として選びました。三味線の唱歌、つまり口三味線を学ぶことを通して、次の二つの内容を学習することをねらいとしています。一つは、長唄における唄と三味線の関係を捉えること ● 4-2～11 、もう一つは、合方部分から三味線特有の音色や奏法を、口三味線を通して学ぶこと ● 4-12,13 です。口三味線だけでなく、唄も実際に声を出して歌ってみてください。また、三味線を実際に演奏する機会があれば、口三味線を歌いながら演奏してみましょう。

　実際に楽器が準備できなくても、映像と一緒に唱歌で旋律を歌ってみることで三味線に親しむ気持ちが湧いてくるでしょう。収録では中学生が実践していますが、唄も三味線も小学生から高校生、大学生までいずれの校種でも実践可能です。

II-2 長唄《小鍛冶》について

　《小鍛冶》は、天保3年（1832）に江戸市村座で上演された初世沢村訥升による五変化舞踊『姿花后雛形（すがたのはなのちのひながた）』の中の一つで、作詞者は二世劇神仙、作曲者は初世杵屋勝五郎です。謡曲《小鍛冶》の筋を長唄用に書き改めたもので、名工といわれた三条小鍛冶宗近（むねちか）が勅命（ちょくめい）（天皇からの命令）を受け、稲荷の神霊に助けられて御剣（みつるぎ）を打ち上げるという物語が背景となっています。歌詞が分かりやすく曲もよくまとまっており、長唄の中でも大変好まれて演奏される曲です。

　全曲を演奏すると15分ほどの曲ですが、今回はこの中から2箇所を選び教材としています。その一部を抜粋して ● 4-1 に収録しました。唄と三味線、そして囃子（大鼓・小鼓）による演奏です。● 4-1 の冒頭では「夫れ唐土（もろこし）に」という歌詞が歌われています。この部分の三味線の旋律（テンテンツンツンツンツン）は、「ノット」と呼ばれるもので、神仏に祈禱する場面で奏されます。宗近が刀を打つために稲荷明神の助けを借りる場面なので、この旋律が使われているのでしょう。短い抜粋部分ですが、唄と三味線が一定の拍に乗って演奏していること、唄の「に」という歌詞が歌われた後、一定の拍子がなくなり、三味線が同じ音（ツン）をだんだんに細かく弾いていることに注意して聴いてみてください。この旋律型は「ナガシ」

といい、「語り物」の三味線音楽から長唄が取り入れたものです。●4-2 に収録されている模範演奏「伝えきく」は、このナガシの直後の部分で、やはり一定の拍子がない「語り物」の演奏様式の部分です。

●4-1 の後半は〈拍子の合方〉の短縮版です。〈拍子の合方〉は、宗近が、稲荷明神の狐の精の相槌(あいづち)で、刀を打つ様子が描写されています。替手も加わり華やかに演奏される部分ですが、模範演奏では、合方の冒頭部分と最後の部分だけを抜粋して演奏しています。〈拍子の合方〉については、後で詳しく説明します。

II-3 「伝えきく」を演奏してみよう ●4-2～11

(1)「伝えきく」を歌ってみよう
●4-2,3

長唄は通常正座して歌いますが、椅子に座って歌う場合でも、正座で歌うことを想像し、椅子に浅く腰掛けて、背骨を真っすぐにして下腹で息を一定に出すことを意識しましょう。普段話している声を基本に真っすぐ声を出します。模範演奏 ●4-2 の声をよく聴いて真似してください。DVDには収録されていませんが、《小鍛冶》には唄がセリフ調の箇所もあるのでCD等で聴いて真似してみると楽しいと思います。

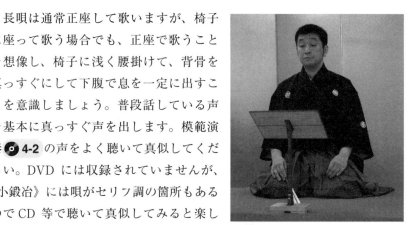

写真4-7 歌うときの姿勢

(2) 口三味線を言ってみよう
●4-4～6

「伝えきく」の部分の口三味線を言ってみましょう。覚えてすらすらと言えるようになったら、模範演奏 ●4-2 の三味線を聴いて、三味線の音色の違いを確認してみましょう。

(3) 唄と口三味線を合わせよう
●4-7,8

長唄は三味線と唄が一定の拍に乗って演奏するのが基本ですが、三味線と唄の関わりは、西洋音楽における歌と伴奏の関係とは異なります。曲の途中で拍の感じがなくなるところでは、唄と三味線が一つの同じ音楽の流れをイメージして、お互いの間(ま)を感じ合って演奏することが大切です。映像と一緒に歌いながら、三味線と唄の関わり合いを感じ取ってください。二つのグループに分かれて自分たちだけで演奏してみるのもよいでしょう。

(4) 三味線を弾いてみよう
●4-9～11

三味線があれば口三味線を言いながら実際に弾いてみたり、唄と三味線を合わせてみたりしましょう。最初の「ドテチンリン」は一の糸の開放弦と二の糸の開放弦を弾いた後、三の糸の勘所（文化譜の「4」）を人差し指で押さえて弾き、最後に勘所を人差し指で押さえたまま薬指で三の糸をはじきます。このときに人差し指でしっかりと糸を押さえると良い音がします。

次に、唄が「つたぁ」と歌ったら「テチチリチツツツーン」と弾きましょう。「テ」は三の糸の開放弦、次の「チ」は文化譜の「3」の勘所を、二つ目の「チ」は文化譜の「4」の勘所を人差し指で押さえて弾きます。「リ」はハジキです。人差し指で「4」を押さえたまま薬指ではじきます。次の「チ」でもう一度「4」の勘所を弾いた後、薬指で二の糸の「6」の勘所を押さえて「ツツ」と2回弾きます。次に、二の糸の「4」を人差し指で押さえて弾き、その後「6」の勘所まで人差し指をしっかり押さえながら移動します。これが「ツツーン」です。「ン」の口三味線は「スリ」といって、撥で弾かずに糸を押さえながら勘所を移動する奏法を示します。

最後に「ツーンツンツン……」と二の糸の「6」を人差し指で押さえて「ナガシ」を演奏します。ナガシ撥は、ボールが弾むようなイメージでだんだんに音の間隔が短くなっていくように弾きます。最初の「ツン」の後に、唄の人が「伝えきく」の「く」を歌いますので、それを意識しながら弾いてみましょう。（寺田己保子）

Ⅱ-4 〈拍子の合方〉（短縮版）を演奏してみよう 🔘 4-12〜15

曲の中で唄がなく、楽器だけの演奏が続く部分を合方といいます。〈拍子の合方〉は三条小鍛冶宗近が相槌の稲荷の神霊と一緒に刀を打つリズム（拍子）を表現しており、替手と共に三味線の聴きどころですが、DVDでは三味線の唱歌と弾き方を無理なく体験できるように「短縮版」を作成し、教材としています。まずは、口三味線を何回も唱えて覚えましょう。口三味線と音が頭に入ったら、映像 🔘 4-12 で手の動きを確認しましょう。

楽譜が整えられる以前は、曲は口三味線で伝えられていました。口三味線は言葉の調子が良いので、覚えやすいと思います。譜例4-4 に〈拍子の合方〉（短縮版）の口三味線を示しました。文字を覚えるのではなく、DVDでお手本の言い方を聴いて抑揚やリズム、間の取り方も一緒に覚えましょう。口三味線を覚えてから演奏された音を聴いてみると、その通りに聞こえてくると思います。曲を覚えるのに口三味線は大変便利です。

譜例4-4 〈拍子の合方〉（短縮版）の口三味線

《小鍛冶》より〈拍子の合方〉（短縮版）の口三味線

（ヨイ）チャンチャン
（ヨイ）チャンチャン
（ヨイ）チャチャチャンチャン
チャンチャンチャンチャン
チャンランチャンラン
チャンチャンラン

ツルツルテンツルツンテン（イヤ）
ツルツルテンツルツンテン（イヤ）
ツルツルテン
ツルツルテン　ツルツルテン
ツルツルテンツルテンツルテン
チンテレテレテレ
チンテレテレ
チンテレ　チンテレ
チンテレ　チンテレ
チリチリチリチリ　チリチリチリチリ
チンチン　チンドツンテン
チリチン　チャン

口三味線を覚えたら、次は実際に三味線を弾くつもりで手を動かしてみましょう。口三味線の最初の2行は、左手の人差し指で三の糸の勘所（文化譜の「4」）を押さえ、二の糸の開放弦と一緒に弾きます。これが「チャン」です。2行目まで弾いたら「ヨイ」という掛声で左手を上に移動して三の糸の勘所「3」を人差し指で押さえ、3・4行目を弾きます。5行目と6行目は、三の糸の勘所「4」に戻り、「チャン」と弾いた後に、左手で勘所を押さえたまま右手の撥で糸を下からすくいます。このスクイが「ラン」です。1～6行目の楽譜は 譜例4-2 と 譜例4-3 に示したので、参考にしてください。ここまでが前半です。

　後半は〈拍子の合方〉の終結部分です。二の糸の「4」の勘所を押さえて撥で弾いた後、すぐに同じ糸をすくいます。これが「ツル」です。これを2回弾いた後に三の糸の開放弦「テン」を弾きます。その後もう一度「ツル」と弾いた後に、「ツンテン」と弾きます。「ツンテン」は同じ高さの音ですが、「ツン」は二の糸の「4」の勘所を人差し指で押さえたまま薬指を伸ばして「6」の勘所を押さえて弾き、「テン」は三の糸の開放弦です。ここまでが弾ければ、あとは同じフレーズの繰り返しで〈拍子の合方〉後半の最初の4行が弾けます。

　〈拍子の合方〉後半の5行目の「チン」は、「チ」と「ン」で音の高さが異なります。これは「スリ」という技法で、人差し指で三の糸の「3」を押え、弦を押さえたまま左手を「4」の勘所まで動かして音を高くします。このとき、人差し指を直角に曲げ、指先で糸をしっかり押さえるときれいな音が出ます。5行目後半の「テレ」は三の糸の開放弦を弾き、すぐに同じ糸を下からすくって弾き、これを3回繰り返します。5行目と6行目は同じフレーズ、7行目と8行目は「テレ」の数が少ないだけで基本の弾き方は同じです。次の9行目は「チリ」を8回弾く間に三の糸の「3」から「4」まで弦を押さえる人差し指をゆっくり動かして音の高さを変えていきます。指の位置を動かすタイミングは、映像 4-13 を見て真似てみましょう。「リ」はスクイ撥で弾きます。「チリ」を8回弾いたら、次に人差し指で「4」の勘所を押さえたまま薬指で三の糸の「6」の勘所を押さえます。これが10行目の最初の「チン」の音です。続く「ドツツンテン」は一の糸の開放弦を弾いた後に、二の糸の「4」を2回弾き、次に三の糸の開放弦を弾きます。

　最後に「チリチン　チャン」という終止フレーズを弾きます。11行目冒頭の「チリ」は左手を自分の下方（右膝の方向）に移動させて三の糸の「9」の勘所を人差し指で押さえ、同時に「10」の勘所を薬指で押さえます。最初の音を弾いた後に、人差し指をしっかり押さえたまま、「10」を押さえていた薬指で糸をはじきます。次の「チン」は左手を上方に移動させ、人差し指で「4」の勘所を、中指で「5」の勘所を押さえて弾きます。「チリチン」の後に間をとって、中指を糸から離して、最後の「チャン」を二の糸の開放弦と一緒に弾きます。

　口三味線を言いながら手を動かしてみると、三味線の旋律やリズム、音色の違いがよりはっきりと聴き分けられるようになるはずです。ぜひ挑戦してみてください。

（寺田己保子・小塩さとみ）

III 大鼓と小鼓の唱歌を合わせよう
—《石段の合方》 🔴 4-16〜28

III-1 《石段の合方》について

　《石段の合方》は、歌舞伎で用いられる黒御簾音楽の曲です。黒御簾音楽は、舞台上で演じられている芝居の場面を音楽的に描写しますが、《石段の合方》は、主に戦いの場面で用いられる曲です。特に神社の石段などで敵と味方が上下に分かれて刀を交えるようなときに、場面の雰囲気を描写する音楽として用いられます。演奏は、三味線と囃子で、囃子は大鼓と小鼓が用いられます。同じ旋律を何度も繰り返して演奏することができるので、場面を盛り上げ、また舞台の上の演技に合わせて曲の長さを調節することができます。長唄曲の中では《鞍馬山》や《蜘蛛拍子舞》の中で《石段の合方》が使われています。

III-2 教材としての《石段の合方》 🔴 4-16〜21

　DVDでは参考映像として、三味線と囃子（大鼓・小鼓）の演奏 🔴 4-16 も収録しましたが、主として囃子の唱歌を学ぶための教材としてこの曲を選びました。大鼓と小鼓の楽器の説明 🔴 4-17 と囃子の唱歌の模範演奏 🔴 4-18 を見た後に、唱歌と大鼓の演奏 🔴 4-19 と唱歌と小鼓の演奏 🔴 4-20 を見ることで、囃子の唱歌が大鼓と小鼓という二つの楽器に共通のものであること、大鼓と小鼓のリズムは互い違いに組み合わさって一つのフレーズをつくっていること、小鼓には2種類の音があり、高い音（甲音）と低い音（乙音）を唱歌で言い分けていることなどが分かるでしょう。

　実際に教室で大鼓や小鼓を児童・生徒が手にして演奏をすることは、楽器調達の関係で難しいでしょうが、🔴 4-21 には、三味線の伴奏に合わせて、手拍子で大鼓と小鼓のリズムを演奏したものを収録しました。このように手拍子で、覚えた唱歌を実際に演奏してみることで、音楽の構造やリズムの特徴などを、実感を伴って理解することができますし、リズム合奏の楽しさも味わうことができます。

　囃子の唱歌は、言葉としての面白さがありますので、まずは唱歌をみんなで覚えるところから始めましょう。模範演奏では、唱歌を三味線の旋律に乗せて歌っていますが、歌ではなく言葉を唱えるようにして言って構いません。また、DVDでは小学生による実践例を収録しましたが、中学生や高校生、大学生でも、楽しく行うことができます。

Ⅲ-3 唱歌を覚えて、手拍子で演奏してみよう 🔵4-22〜26

(1) 唱歌を覚えよう
🔵4-22

　唱歌を覚えるときには、文字で書いたものを見て覚えるのではなく、先生が言うのを少しずつ口で真似て覚えてみましょう。DVDの模範演奏 🔵4-18 を利用して（できれば字幕を隠して）、少しずつ覚えてみてください。

　授業で活用する場合には、「囃子の唱歌を覚える」という目的を先に示してから覚える方法もありますが、「面白い言葉をみんなで覚えてみよう」「謎のじゅもんを覚えてみよう」などのように、覚える対象についての詳しい説明をせずに、まずはゲーム感覚で覚えるところから始めるほうが児童・生徒の関心を引きつけることができるかもしれません。

　譜例4-5 に《石段の合方》の唱歌を示します。時間の関係で、DVDには、子どもたちが唱歌を少しずつ覚えていくプロセスを映した映像を収録することはできませんでしたが、覚えるときには、大きく3つの部分に分けるとよいでしょう。

譜例4-5 《石段の合方》の唱歌

《石段の合方》の唱歌

（フヨイ）
スタスットントン
スタスットントン
スタスットントン
スタスットントン
スタスットン　スタスタスットン　スットンスタスタスットン（ハオ）
チリカラチリトト
チリカラチリトト
スタスットン　スタスタスットン　スットンスタスタスットン（ハオ）
ストストスットン
スタスットン　スタスタスットン　スットンスタスタッタッポッ
トンスタスットン
スタスットン　スタスタスットン　スットンスタスタッタッポッチョン
スタスットントン
スタスットントン
スタスットントン
スタスットントン
（フヨイ）

　最初は「スタスットントン」という短い唱歌を覚えて、それを4回繰り返すところから始めましょう。次に5〜7行目の「スタスットン　スタスタスットン　スットンスタスタスットン」までを覚え、これを覚えたら最初から通して言ってみましょう。ここまでが第1部分です。活動時間に余裕がなければ、ここまでを覚えたところで、次の段階（唱歌を唱えながら大鼓を手で打つ）に進むことも可能ですが、時間の余裕があれば最後まで通して覚えると、音楽の理解も深まりますし、音楽活動としても充実したものになるでしょう。開始の合図は、最初のうちは「せーの」という掛声でもよいですが、慣れてきたら、「フヨイ」という掛声をリーダー（あるいは教員）が掛けて、それに合わせて唱歌を言えるようにしましょう。

　第2部分は、「チリカラチリトト」という新しい唱歌から始まります。これを2回繰り返した後の「スットンスタスタスットン」までが前半です。

第 2 部分の後半は「スタスタスッタァ　ストストスットン」という唱歌の後に、「スットンスタスタ　スッタッポッ」「スタスットンスッタッポッチョン」という 2 行が加わります。やや長くて複雑ですが、これを覚えれば残りわずかです。「スッタッポッ」という部分はそれまでの細かいリズムとは異なり大きなリズムですので、先走って飛び出さないように気を付けましょう。第 2 部分の開始の掛声は「ハオ」です。第 2 部分だけを練習するときには、リーダー（あるいは教員）が掛声を掛けますが、第 1 部分から続けて演奏するときには、全員でこの掛声を掛けましょう。掛声には、演奏者がテンポを相互に確認したり、曲の雰囲気を作り出したりする役割があり、演奏の重要な一部分です。

　第 3 部分は、「トンスタスットン　スタスタスットン　スットンスタスタスットン」です。第 2 部分に比べると短いので、この部分だけを真似するのはそれほど難しくないと思いますが、第 1 部分から通して演奏すると、最後まで間違えずに言えるようになるまでには、何回も繰り返す必要があるでしょう。最後の「スットンスタスタスットン」の「スットン」に合わせて、リーダー（あるいは教員）が「フヨイ」と掛声を掛けると、唱歌の最初（スタスットントン）に戻ることができます。何度か繰り返すと自然とテンポも速くなり、高揚感がありますので、唱歌を言えるようになったら、試してみてください。

　人によって覚えるスピードには差がありますし、文字を見ないと覚えにくい人もいるので、何度か繰り返した後は、文字に書いた唱歌を参照して確認するのもよいと思います。

(2) 唱歌を言いながら大鼓のリズムを手でたたいて演奏してみよう
🎵 4-19,21,23

　唱歌を覚えたら、唱歌を言いながら、大鼓を演奏するつもりで、手を打って演奏してみましょう。大鼓は、唱歌の中で「ス」「チ」「リ」「チョン」と言うときに打ちます。

　まず、楽器の説明 🎵 4-17 を見て、楽器を置く場所や、手の動きを確認しましょう。楽器は左膝の上に置きます。次に、自分の左手を大鼓の革だと想定して、左膝の上に構えて、右手を左手に添えます。これが楽器を構えた状態です（写真 4-8 参照）。大鼓を打つときには、右手を大きく前に出し、唱歌を言うタイミングで、勢いよく右手を左手と打ち合わせます。このときに楽器を打っていることを意識して、左手の位置を変えないように気を付けましょう。

　最初はゆっくり練習し、できるようになったら、🎵 4-21 の模範演奏に合わせて手を動かしてみましょう。

写真 4-8　手の構え方（大鼓）

(3) 唱歌を言いながら小鼓のリズムを手でたたいて演奏してみよう

🔘 4-20, 21, 24

次に、唱歌を言いながら、小鼓を演奏するつもりで、手を打って演奏してみましょう。小鼓は、左手で調（しらべ）という紐を強く握って打つと高い音が、緩く握って打つと低い音が出ます。唱歌の中で「タ」「カ」「ラ」と言うときには高い音を、「ト」「トン」「ポ」と言うときには低い音を打ちます。

楽器の説明 🔘 4-17 を見て、楽器を置く場所や、手の動きを確認しましょう。楽器は右肩の上に置きます。左手を握ってグーを作り、小鼓だと想定して、右肩の上に構えて、右手を左手に添えます。これが楽器を構えた状態です。小鼓を打つときには、右手を下の方に下ろし（写真4-9 参照）、唱歌を言うタイミングで、勢いよく左手と打ち合わせます。高い音を打つときには左手を握った状態（グー）で、低い音を打つときには、左手を開いた状態（パー）で打ちます。楽器を打っていることを意識して、左手の位置を変えないように気を付けましょう。

最初はゆっくり練習し、できるようになったら、🔘 4-21 の模範演奏に合わせて手を動かしてみましょう。

写真4-9　手の構え方（小鼓）

(4) 大鼓と小鼓にわかれて手拍子で合奏しよう

🔘 4-25, 26

最後に二つのグループにわかれて、大鼓と小鼓の手拍子合奏をしてみましょう。二つの楽器が交互に音を出す面白さを味わってみてください。🔘 4-25 は手拍子の合奏、🔘 4-26 は、子どもたちの手拍子の演奏に、大鼓と小鼓が加わって合奏しています。

(5) 囃子の楽譜

🔘 4-27

🔘 4-27 には、子どもたちの言う唱歌に合わせて、囃子の楽譜（ツケ）を書いている様子を収録しました。譜例4-6 は収録時に書かれた楽譜です。囃子のツケは演奏家が備忘のために書くもので、基本的には唱歌を書き記しているのですが、よく使われる手（リズムパターン）については、唱歌を記号に置き換えることで、書きやすく、また見て分かりやすい楽譜になっています。×はスタスと読み、大鼓－小鼓（甲）－大鼓という3つの音を表します。○はトン（またはポン）で小鼓の乙の音、△はチョンで大鼓の音です。#はチリカラ（大鼓2つ－小鼓の甲音2つ）、##はチリカラチリトト（大鼓2つ－小鼓の甲音2つ－大鼓2つ－小鼓の乙音2つ）です。タ（小鼓の甲）やス（大鼓）のように唱歌をそのままカタカナで書くこともあります。楽譜の中で使われているその他の記号については、図4-1 を参照してください。

譜例 4-6 囃子の楽譜（ツケ）　　　作成：望月晴美

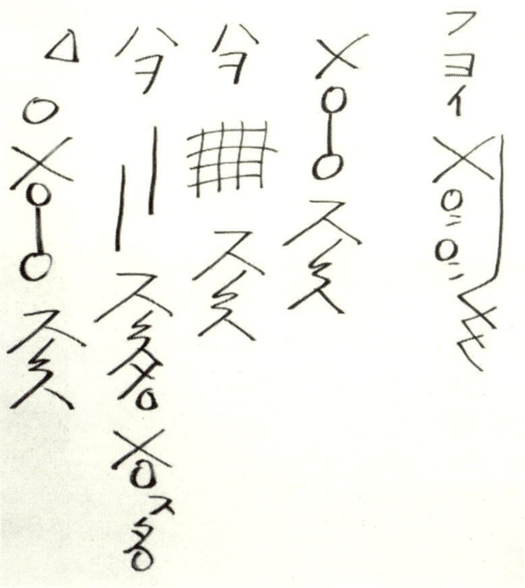

(6) 大鼓と小鼓の演奏
🎵 4-28

　最後に大鼓と小鼓のみで演奏している《石段の合方》を収録しました。演奏を聴きながら、大鼓と小鼓のリズムの組み合わせ、二つの楽器の音色の違いなどをもう一度聴いてみたり、覚えた唱歌を確認してみたりしましょう。

（小塩さとみ）

※譜例4-1～5　作成：小塩さとみ

5 祭囃子

**本章の
ねらい**

　日本には、その地域に根差した様々な祭囃子があります。この章では、その中から《江戸囃子》を取り上げました。《江戸囃子》の特徴や用いられる楽器を知ったら、早速〈屋台〉の映像を見てみましょう。締太鼓と大太鼓の唱歌を紹介していますので、一緒に唱えてみましょう。篠笛と鉦の唱歌も加えてアンサンブルすると、お祭りの雰囲気がぐ〜んとアップします。楽器があれば、チャレンジしてみましょう。初心者もすぐに楽しめる唱歌を用いた授業の例を取り上げますので参考にしてください。
　また、《寿獅子》の唱歌と獅子舞の動きも映像で紹介します。年齢に応じて、獅子づくりやお囃子づくりに発展してみてもいいですね。実践例もご覧ください。
　子どもたちが唱歌や楽器、獅子舞を、仲間と共に互いの息を感じて楽しむことができたら、地域の文化への興味も一層深まるのではないでしょうか。

I 《江戸囃子》の魅力

I-1 粋でいなせな江戸っ子の音楽 🎵5-1,2

(1)《江戸囃子》の音楽的特徴

　江戸の祭囃子は、享保元年（1716）に香取明神（現在の葛飾区にある葛西神社）の神主、能勢環が祭囃子をつくり出して奉納したとされる《葛西囃子》が起源といわれています。江戸では《神田囃子》、《目黒囃子》のように、祭囃子がそれぞれの土地で独自に変化し発展していきました。江戸時代には山車や練物などを繰り出して華やかでしたが、現在は屋台の上で囃子が演奏されるのが一般的です。ここで取り上げる《江戸囃子》は、神楽や邦楽囃子に携わる専門家の人々が中心に演奏されており、より洗練された音楽になっているのが特徴です。

　囃子方は 写真5-1 のように5名で、正座して演奏します。衣装は、着流しに半纏、白足袋が決まりです。

写真5-1　囃子方（左から鉦、大太鼓、締太鼓タテ、締太鼓ワキ、笛）

　《江戸囃子》の構成は、〈屋台〉〈昇殿〉〈鎌倉〉〈四丁目〉〈屋台〉の5曲が基本で、これを「ひとっぱやし」と呼んでいます。〈屋台〉は、「テケ天天天天」という太鼓の打込に続く「ヒヤトヒャー」という笛の吹き出しで始まります。ゆったりした調子から次第に速度を上げ勢いをつけ、次に少しゆったりとした〈昇殿〉、さらに静かな〈鎌倉〉へと続きます。その後は華やかな〈四丁目〉で、ここでは2丁の締太鼓が先玉と後玉になって、まるでジャズのセッションのように自分らしさを入れ込んだ演奏が行われます。そして最後は、もう一度〈屋台〉で納めます。

　この構成について、若山社中の若山胤雄氏は、《江戸囃子》のポイントを手附本の中で、次のように述べています。

　〈屋台〉は男性で男っぽい、〈昇殿〉は17～18歳のおきゃんな娘さん、〈鎌倉〉は30～50代のお母さんで年増というか落ち着いた感じ、〈四丁目〉は若者とおおまかに解釈すると、全体がつかめます。大切なのは気合、活きの良さですね。

祭囃子 | 101

人間に例えて全体の流れをつかむというのは、なんだか面白くて、一つのドラマのようにも思えてきます。このほかに〈鞨鼓〉〈神田丸〉などの「秘曲」と呼ばれる曲が演奏される場合もあります。

また、後で述べます《寿獅子》と称する獅子舞にも《江戸囃子》と同じ旋律が用いられているところがあります。もともと、獅子舞は太神楽※の流れを汲んだものですのでルーツは異なりますが、演奏者や時代の変遷の中で《江戸囃子》と重なっていったのでしょう。《江戸囃子》を覚えると、獅子舞にも取り組みやすく、どちらの楽しさも味わうことができます。

※江戸時代に諸国に伝わり疫病や悪霊を払う「神事芸能」でその後「舞台芸能」へ変化したもの

それでは、皆さん、映像に合わせて、唱歌を何度も口で唱えてみましょう。繰り返し唱えるうちに曲が体に入ってきます。さらに、それぞれの唱歌を合わせると、躍動感が増してワクワクします。お互いの唱歌をよく聴くことも大切です。聴くということは、相手の息を感じ合うことで、そこに集った人たち独特の息遣い、間が生まれます。楽器で演奏するときも同様です。プロの方々は、基本の形式を踏まえながら、独自の演奏を随所でなさるので、その即興性も楽しく、実に粋でいなせな音楽だと感じます。

Ⅰ-2　楽器の特徴と唱歌　5-3～7,11

ここでは、お囃子の楽器の特徴と奏法、唱歌を紹介します。唱歌は楽器によって異なりますが、締太鼓・太鼓・鉦については、打たないところを「ス」と唱えるところは共通しています。なお、ここで示す唱歌の譜例は、若山社中の手附を基に作成したものです（譜例作成：猶原和子・黒川真理恵）。以下、楽器ごとに説明していきます。

（1）締太鼓　5-3

締太鼓の胴は欅で、革は牛です。蛇の目が描かれています。調緒とよぶ麻紐で革を両面に張り締めますが 写真5-2 、学校などではボルト締めのものもよく用いられています。バチ（桴）は、檜や

譜例5-1　締太鼓の唱歌

結ビ	地	地	地頭	屋台頭	
スケ	天	天	スケ	スケ	一
天	天	天	天	天	二
天	テレ	テレ	天	天	三
スケ	ツク	ツク	スケ	スケ	四
天	スケ	スケ	テケ	天	五
天	天	天	天	天	六
テケ	スケ	スケ	テケ	テケ	七
天	ツク	ツク	天	天	八

朴など、柔らかいものが用いられます。

唱歌の「ス」は打たずに「天」「テレ」「テケ」「ケ」を打ちます。「ツク」は通常は打たずに間を取るか、小さく止めるように打ちます〔譜例5-1〕。右側に書いてあるときは右手で打つのが基本です。手を早く上げすぎず、腕を伸ばしすぎないことも気を付けましょう。

写真5-2　締太鼓

（2）大太鼓
🎵 5-4

　大太鼓の革の表にも蛇の目が描かれています〔写真5-3〕。バチは締太鼓と同じで、檜や朴などが用いられます。〔譜例5-2〕をみると、「打つところが少ない」と思われたかもしれません。大太鼓が加わると音に厚みが増します。締太鼓の邪魔をせずに「あいだあいだを打つ」ことで大太鼓の存在が一層効果的になります。なかなか難しいですが、ぜひ、少ない場面で力強い音を出してください。

写真5-3　大太鼓

譜例5-2　大太鼓の唱歌

結ビ	地	地頭	屋台頭	
ド		ドン	スッ	一
ド	スッ		ドン	二
	ドン	スッ	スッ	三
	スッ	ドン	ド	四
ド	ドン	スッ	スッ	五
	スッ	ドン	ド	六
ドン	スッ	ツ	スッ	七
ドン	ド	ド	ド	八

（3）篠笛
🎵 5-6

　篠笛は竹でできた横笛で、龍笛や能管に比べてシンプルなつくりになっています〔写真5-4〕。指孔は6つか7つ。「六本調子」「七本調子」など、基準になる音の高さの異なる笛がたくさんあります。

　篠笛の唱歌は太鼓類や鉦の唱歌ほどパターン化しているわけではなく、「トヒャヒ」など、前後の関係から音の流れが分かりやすいように唱えられてきたものです。

　篠笛の奏法で注意したいのは、リコーダーのように、タンギングを行わないことです。ビブラートもかけないで、真っすぐに吹きましょう。唄口を

写真5-4　篠笛

動かして自分のよく鳴るところを見つけましょう。指の押さえ方は指先で押さえずに、右手は第二関節、左手は第一関節で押さえます。とはいえ、篠笛はすぐには鳴らず、また鳴り方には個人差がありますから、あまり気にせず唱歌をたっぷり唱えて、他の楽器と合わせて楽しみましょう（譜例5-3）。締太鼓や大太鼓に合わせて、唱歌で加われば、お祭りの雰囲気が倍増します。

譜例5-3　篠笛の唱歌

（4）鉦
● 5-11

　鉦は「当り鉦」または音の響きから「チャンチキ」、他の4つの楽器をうまくつなぐ役割をもつという意味から「よすけ」とも呼ばれています。鉦をならす撞木（しゅもく）の先には鹿の角が用いられていて、鉦の音色を生かすのに最適といわれています　写真5-5。唱歌は譜例5-4をご覧ください。
　鉦の奏法は以下の通りです。

チャン	左手の指を凸面から離し、凹面を右手で打つ。
チ	左手の指で凸面を押さえ響きを止めて、凹面の縁の左を右手で打つ。
チキ	左手の指で凸面を押さえ響きを止めて、凹面の縁を左右に往復して打つ。

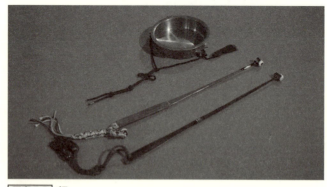

写真5-5　鉦

譜例5-4　鉦の唱歌

　それぞれの楽器の特徴を生かした「テンテレ」や「チーヒャイヒャイトロ」といった唱歌を唱えると、「お祭りだ！」という気持ちになります。一通りできるようになるには10年かかると言われている《江戸囃子》ですが、唱歌を合わせて楽しむことで、その世界に参加し、その本質を共有することができるのです。

Ⅱ 《江戸囃子》を体験しよう

Ⅱ-1 3つの唱歌でアンサンブル

　《江戸囃子》を授業で取り上げるときには、それぞれの楽器の音色や奏法に関心をもち、曲の構成を理解し、仲間と合わせて唱歌を合わせたり、演奏したりすることができるようになってほしいと思います。発達段階によって、展開の仕方は工夫できます。

　ここでは、小学校低学年から楽しめる「投合」（なげあい）と呼ばれる唱歌を用いた授業を考えてみました。「投合」は〈神輿（みこし）囃子〉とも呼ばれ、昔は米俵を投げ合ったりして神輿に合わせて「囃す」ときに用いられました。祭囃子の雰囲気を短時間で味わうのに適しているので、《江戸囃子》の一日体験講座などでも、よく取り上げられています。

　子どもたちには、譜例5-5 の唱歌を示しました。篠笛は、分かりやすいように〈屋台〉の唱歌を参考にして一部アレンジを加えて再構成しました。譜例5-6 は五線譜に翻訳したものですが、子どもには提示せず、あくまで先生方の教材研究のための参考資料としてご覧ください。五線譜を先に見ると、本来の唱歌とは異なる認識をしてしまう恐れがあるからです 5-9〜11 。

譜例5-5 「投合」をもとにした唱歌　篠笛　大太鼓　締太鼓　　　　構成・作成：猪原和子

篠笛	大太鼓	締太鼓
チヒヒャヒェオヒャオヒャ	チリヒャイヒャイトロトヒャヒ	トヒュヒャイヒャイトロトヒュロ	一	ドンスドンガドンスドンドドド	ドンドンドンドドンドド	ドンドンドンドンドドンド	一	天天天天天天天天天	天テスレックテステスケステイヤ	天テレックツク天テスケ天イヤ	一

（※上記は縦書き唱歌譜を横に書き下したもの。各楽器それぞれ三段構成で、一〜八の拍番号が付されています）

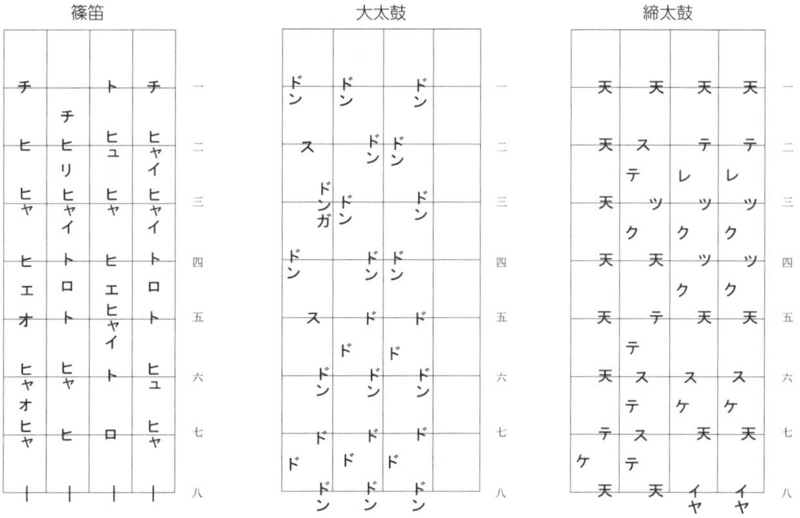

- **締太鼓**　最後の「天天天天　天天テケ天」が速くなりがち。他の唱歌を聴く。
- **大太鼓**　締太鼓の一行を聴いてから加わる。2行目の「ドンドン」は右から、3行目は左から打つことを意識する。
- **鉦**　譜例5-4 参照。「チッチャン　チャチャチキ」を繰り返す。締太鼓、大太鼓、篠笛の唱歌を合わせられるようになってから入れるとよい。

譜例 5-6 「投合」をもとにした唱歌（五線譜）　　　　　　　　　　　　　　　　構成・作成：猪原和子

II-2　授業の展開──小学校　🔴5-12

　ここでは、小学校3年生を対象として行った「お囃子を楽しもう」の授業を紹介します。この学習の特徴は、前期・後期の2期に分けたことと、15〜30分程度の帯単元で行ったことです。初夏と秋、地域のお祭りの音楽が聞こえてくる時期に行うと、お囃子がより身近に感じられると思ったことと、帯単元で長く継続して行うことで、唱歌と奏法が体に染み込みやすいようにと考えて、このような構成にしました。

授業の概要

題材名「お囃子を楽しもう」（3年生）

❶ **前期**　初夏（6月）：15〜20分程度を6回

　初めて唱歌と出会う子どもたち。唱歌に慣れて、自分たちで唱歌を合わせて楽しむことができるのが前期のねらいです。
　まずは締太鼓の唱歌です。「天テレ　ツクツク　天スケ　天」という唱歌のリズムや響きの面白さに、子どもたちは目を輝かせました。子どもたちは真似することも上手ですから、ここでの教師の姿勢や発声は重要です。最初から正座した良い姿勢を保ち、エアで手も動かしながら何度も唱えま

しょう。もし締太鼓があれば、実際に交替で打ってみましょう。待っている人たちがしっかり唱歌を唱えると、太鼓も打ちやすくなります。

次に大太鼓の唱歌を覚えましょう。どちらの唱歌もよく覚えたら、2つの唱歌を合わせてみましょう。そして、篠笛の唱歌に挑戦です。3つの唱歌を合わせるとぐっと気分が盛り上がります。子どもたちは、それぞれの唱歌独特の面白さを感じ、また合わせたときの心地よさを十分味わっていました。

❷ **後期**　秋（9〜10月）：15〜30分を6回

後半では、《江戸囃子》の中から〈屋台〉を鑑賞する機会を設けました。実演家の演奏を聴き、その姿から感じたことやリズムや音色・強弱などに注目して発見したことを交流しました。その後、もう一度「投合」に戻り、自分の好きな楽器を選んで練習しました 写真5-6 。

最後にグループごとに「投合」を発表して互いに聴き合うという学習活動を行いました 写真5-7 。グループにより構成は様々でしたが、グループごとの発表場面では、様々な意見が出ました。

写真5-6　篠笛に挑戦

A：四人の息がぴったり合っていた。時々顔を合わせて、聴き合おうとしていた。
B：Dさんの締太鼓の「天」がぽーんと抜けて、よく響いていてすごく良かった。
C：Eさんの篠笛にアドバイス。息が途切れるのは、思い切り吹くからじゃない？
　　もう少し息を減らしたほうが、楽に鳴るようになるよ。

写真5-7　グループで発表

互いに演奏をじっくり聴き合い、意見交流することで、よりよい表現を求める行動が生まれます。3つの唱歌でアンサンブルをたっぷり楽しむと、いつの間にか、締太鼓の手を動かしながら篠笛の唱歌を唱えることもできるようになってきます。楽器の数も限られていますから、実際に触れることのできる時間はわずかですが、周りから唱歌の応援を得て、好きな楽器に向かいます。誰かがいい音を出すとさっと周りに輪ができます。こうして子どもたちは、身体丸ごとで、《江戸囃子》の楽しさを体験していったのです。

Ⅲ　獅子舞にも挑戦しよう

　さて、《江戸囃子》を学んだら、ぜひ江戸の獅子舞《寿獅子》にも取り組んでみましょう。《寿獅子》の音楽は、《江戸囃子》と共通しているところが多いので、取り組みやすいと思います。また、自分の手で獅子頭を作るとその創作過程も楽しいですし、獅子の動きを理解して舞うことができます。獅子舞と音楽の関係をより実感することもできるでしょう。

Ⅲ-1　獅子舞《寿獅子》のここが面白い 🎵5-13

　獅子舞は、室町時代に疫病祓いで舞ったことが最初とされ、江戸時代には「江戸大神楽師」「伊勢大神楽師」たちが全国で活躍しました。現在、西日本では「伎楽系」と呼ばれ二人以上で一匹の獅子を演じるものが主流ですが、関東や東北地方では「風流系」と呼ばれるものが主流で、獅子だけでなく、鹿や牛の頭もあります。

　《寿獅子》は、〈屋台〉に始まり、以下のような流れで舞います。曲によって舞の動きは決まっています。

曲名	屋台	早鎌倉	四丁目	子守唄	仁羽*	屋台
動き	狂い	餌ひろい	じゃれ	眠り	両面踊り*	狂い

＊入らない場合もあり

写真5-8　素囃子

　《寿獅子》の囃子は、太鼓（締太鼓・桶胴太鼓）、篠笛、鉦の3名で演奏します。囃子だけ演奏するのを「素囃子」といいます **写真5-8** 。《江戸囃子》の楽器編成と比較すると、大太鼓が桶胴太鼓になり、締太鼓と一緒に一人で演奏する形になっています。若山社中の鈴木恭介氏は、「桶胴太鼓は軽くて低い音が出ます。大太鼓はドーンと後に音が残りますが、桶胴太鼓は引き音が少なく、獅子舞に適しています」と述べています。

譜例 5-7 締太鼓と桶胴太鼓の唱歌　　　構成・作成：猪原和子

	結ビ	地	地	地頭	屋台頭	
スケ	天	ドン	テケ	テケ	テ	一
天	天	テ	天	天	ドン	二
天	テ	テス	ス	天	スドドン	三
スケ	レッ	テド	テド	スドン	ドン	四
天	ク	テッ	テッ	テケ	天ドン	五
天	天	ドン	ドン	天	ドンドン	六
スケ	テケ	テス	テス	天	スドステ	七
天	天	ドン	ドン	テ	ドド	八

＊天ドンは「ジャン」と唱える

写真 5-9 締太鼓と桶胴太鼓

　獅子の動きを見てみましょう。〈屋台〉では狂ったように獅子が激しく舞います。次の〈早鎌倉〉では、ゆっくりとした「餌（え）ひろい」から腰を下ろした技になります。〈四丁目〉では、みかんと楽しくじゃれます。やがて眠くなって〈子守唄〉を聴きながら眠ってしまいます。その後「おかめ・ひょっとこ」が愉快な仕草で、両面で踊られることもあります。この両面踊りでは、《江戸囃子》の「ひとっぱやし」にはなかった〈仁羽（にんば）〉という曲が用いられます。最後に、眠りから覚めた獅子が再び〈屋台〉で勢いよく舞います。

　締太鼓と桶胴太鼓 写真5-9 を一人で演奏するときの唱歌を載せました 譜例5-7 。「ドドン」は右手で桶胴太鼓、「テケ天」は締太鼓を打ちます。桶胴太鼓の「ドン」と締太鼓の「天」を合わせて打つところは「ジャン」と唱えます。 5-11

　まずは、何度も唱歌を唱えながら手を動かしてみましょう。演奏のポイントは、〈屋台〉は思いっきり勢いよく、ノリを感じて打つことです。獅子が生き生きするように速度や強さにうねりをつけて、単調にならないように。また間を感じてきちんと取ることも大切です。〈四丁目〉は激しく打ちすぎないことも意識しましょう。〈屋台〉の唱歌を唱えるだけでも躍動感があって楽しくなります。「ジャンスドドン」や「テケ天ステドドテッドンテドン」など、声に出すだけで面白くてワクワクします。 5-15

　鈴木氏の「名人と呼ばれるような方の笛や太鼓の方の囃子で舞うと、全く疲れず楽に舞うことができます。全ての動きが分かっていて、舞わせてもらっている感じなのです」という言葉から、お囃子は舞の後を追うのではなくて先取りしてくれるものだということが分かります。そんなことも考えながら映像を見ると、新しい発見があるかもしれません。

Ⅲ-2 獅子の動きを楽しもう 🔘5-16

　獅子を舞うために、最初に獅子を作ってみましょう。小学校低学年では空き箱に紙コップや毛糸、ボタンなどを使い、風呂敷を着ければできあがり 写真5-10 。顔も形も自由に創作できるのでキリンやライオンなど個性豊かな獅子が生まれます。洗面器の裏に取っ手を付けると動きやすくなります。 写真5-11 （中央・右）は、耳も動かすことができるようにしたお稽古用の獅子です。アクリル絵の具で塗ると、カラフルな獅子になります。

写真5-10　空き箱で自分の獅子作り

写真5-11　洗面器で作った獅子

　獅子ができたら、映像を見て真似してみましょう。映像では、分かりやすいようにお稽古用の獅子頭を使い、獅子舞の流れに合わせて次の動きを収録しています。

山越（やまごし）：狂いの中で、山を越えるように飛ぶ
振り返り：後ろ向きに立ち、前に向かって頭を左右から振る
胸噛み（むなかみ）：左右の胸（体の両側）を噛む
ポーズ・見得（みえ）：横向きに静止し、大きく見得をきる
餌拾い：目の前に餌があるように探す仕草をする
背伸び：座ったままで、獅子を高く上げて頭を振る　写真5-12
毛づくろい：自分の毛を撫でて繕う
腰噛み：しゃがんだ姿勢で腰をくの字に高く上げ、腰を噛む

実際に獅子舞の映像を紹介すると、子どもたちは、獅子の耳がぴくっと動いたり眠ったりする様子を食い入るように見入り、早速真似する子が続出しました。腰を落として回ったり、寝そべったり、飛び上がって大きく見せようと動きが一変します。「お囃子がすごく速い。あんなふうにやってみたい」との声が多く、口と手がバラバラになりながらも、早口言葉のように唱歌を唱える子どもも出てきました。

このような経験を生かせば、教科横断型の学習や、生活科、総合的な学習と組み合わせたダイナミックな活動に発展させることができます。

写真 5-12 背伸び

IV 発展的な学習事例

それでは、これまで学んできたことを基にして発展させた事例を紹介しましょう。

もともと祭囃子は、地域の祭礼と関係しており、音楽以外の様々なパフォーマンスとつながっています。授業でも、教科の枠を超えて、また、教室を超えて異学年や地域の方々と一緒に楽しむことができれば、充実した体験となることでしょう。幾つかの例を挙げましたので、これを参考に、自分たちの祭囃子を展開していただけたら幸いです。

IV-1 幼小をつないだ「祭りだ ワッショイ」
——小学校2年生と幼稚園児

2年生は「お祭りをしたい」という子どもの声を生かし、2学期に総合単元「祭りだワッショイ」に取り組みました。まず一人ひとりが獅子を作り自由に舞いました。その後自分で「獅子頭・神輿作り」「お囃子・大太鼓」「掛声づくり」「布染め」から活動を選び、みんなで協力して作品に取り組み、11月の音楽会で発表しました 写真 5-13 。獅子頭に興味をもち、ペットボトルのふたで歯を作るというアイディアを出したFたちは、カチカチと噛むたびに音がする出来に大満足し、舞台を自由に動き回りました。

その後12月には校庭の隅に特設の野外ステージを組み、幼稚園児たちに向けたコンサートを開きました。呼び込みは篠笛と個人の獅子頭をかぶった数名です。笛の音が聞こえ始め、獅子頭をかぶった子どもたちが園庭に入っていくと、園児たちはびっくりしていましたが、やがて、周りに輪ができ始め、「お正月がきたよ！」と喜んでいました 写真 5-14 。

写真 5-13 作って舞う　左：獅子頭作り　中：音楽会で発表　右：布染め

　いよいよ開幕です。薄縁（うすべり）に座り近い距離でじっと見つめる園児たちを前に、2年生は照れながらも緊張感をもって発表しました **写真 5-15**。園児たちは太鼓の音に驚きながらもよく聴き、知っている歌は一緒に口ずさみ、演奏者と聴衆の間には優しい空間が生まれていました。太鼓や獅子に興味をもった園児に2年生が終了後、優しく教える姿も見られました。受け入れられ、認められたことが2年生にとっては大きな満足感と達成感をもたらしたようです。

　幼稚園では、翌日からすぐに獅子を作る子が現れ、瞬く間に獅子作りがブームとなり、獅子舞のCDを流して獅子舞を見せ合うことが続いたそうです。このような幼小連携の在り方もいいですね。

写真 5-14 園児の頭を噛む

写真 5-15 特設ステージで園児と交流

Ⅳ-2 地域の文化に触れ、深める総合的学習
―― 小学校中学年

　ここで紹介する一つ目は、海外から帰国してきた4年生の子どもたちが、日本の文化に触れようと《江戸囃子》と《寿獅子》に取り組んだ事例です。海外にいると日本の文化について尋ねられることも多いので、帰国学級の子どもたちは高い関心を寄せました。

　総合的な学習の時間や音楽、図工などを使い、洗面器の獅子を作って専門家の指導を受けたり映像を見たりして、お囃子と獅子舞を学びました。獅子舞の後半では、自分たちで考えたオリジナルも取り入れて全校の子どもたちに披露しました 写真5-16 。少し離れた視点から伝統文化を見つめ、《江戸囃子》《寿獅子》を演じる姿に、多くの子どもたちが、改めて地域の文化を見つめ直したのでした。

写真5-16 獅子舞を披露

　もう一つは、「大江戸発見ウォーキング」と名付けた、各教科と総合的な学習をつないで行った活動です。子どもたちが関心をもった江戸の伝統文化の中から、「江戸囃子」や「江戸凧」「提灯づくり」など19の江戸の文化に関わる課題別グループを編成し、活動を進めるとともに、各教科で関連した学習を行いました。音楽では、これまで学んだことを生かし、自分たちのアイディアを生かしたオリジナルの「音楽物語」にチャレンジしました。「お囃子で見た両面踊りを入れたい」「悪者を登場させたい」など、いろいろな意見を取り入れて完成したのが「宇宙船地球号」です。宇宙からやってきた悪者をお囃子や太鼓でやっつけていくストーリーで、一人ひとりが仲間に触発されながら、お囃子や獅子舞、両面踊りの表現に磨きがかかっていくのを感じました。

　不思議なことに、発表後は自分の役割でなかった子どもも、お囃子や獅子の動きがとても上手になっていました。それは、演奏している仲間の身体を借りながら、共に学び、共鳴、共振して技を身に付けていったのだと考えています。

Ⅳ-3 自主サークルで〈屋台〉を演奏
──小学校高学年

　《江戸囃子》をすっかり気に入り、自主的に愛好会をつくって活動を始めた子どもたちもいます。Gたちは5年生になると、昼休みや放課後にふらりと集まって練習を始めました。若山社中の手附を見ながら見本をよく聴き、唱歌を唱えていました。6年生になると、各楽器の唱歌を全て覚え、他の唱歌を歌いながら自分のパートを演奏できるようになっていました。次第に演奏はまとまりのあるものになり、低学年のファンも増え、全校音楽会で《江戸囃子》の中の〈屋台〉を一曲通して発表したのです 写真5-17 。

写真5-17 〈屋台〉を全曲演奏

　彼らは卒業文集の中で《江戸囃子》の思い出を語っています。その中で篠笛に夢中になった二人の文章の一部を最後に紹介します。

　演奏に感動した下級生の中には《江戸囃子》に憧れる子どもが増えました。その中の一人が海外から帰国した5年生のHです。彼は帰国して初めての音楽会で《江戸囃子》に出会い、篠笛の音色に大変興味をもちました。6年では練習を続け、卒業公演の中の一部に設定された《江戸囃子》の演奏場面で篠笛を演奏したのです。その後も篠笛への思いは強く、卒業後は近所の神社に通って篠笛を学び続けました。

　《江戸囃子》は、教室の音楽の中心にはなかなかなりません。けれども、GやIのように、自分の求める音の世界にどっぷり入り楽しむグループが周縁にいて、その音色が絶えず聞こえ、また楽しむ姿勢が周りに感じられるということが大きな意味をもつのではないでしょうか。Hが興味をもったように、和楽器を用いた音楽の授業は、次第に学校文化としても特別のものではなく、「今、私たちのそばに」脈々と息づいています。

　子どもが興味をもつところは一人ひとり異なるでしょう。このDVDの中で、その道を深めた演奏家の表現に触れ、姿勢や語られることば、表情、所作丸ごとを感じ、受け止めることが、大きな学びになると思います。面

白そうだなと感じたら、ぜひ参加してみましょう。格式張らず自然に実感できる場を学校の中に設定すること、そして何よりも、先生方が音楽を受け止め、楽しむことが重要だと思います。

（猶原和子）

『卒業文集』より

　私は篠笛のことを小さいときから知っていました。品川区の無形文化財になっている《品川囃子》を父がやっているからです。自分もいつかやってみたいなと思っていました。

　学校で篠笛を始めたのは2年生のときでした。早く吹けるようになりたいと思い、家に帰ってからも練習しました。始めはなかなか吹けずにどうやったらあのような音が出るのだろうと思い、吹く角度を変えながら吹いていました。ある日、いつものように角度を変えてやっていたとき、初めて「ピー」という音が出ました。お祭りのときに残っている音とは違う音でしたが、低くても鳴ったのがうれしく、何度も吹いて家族に聴いてもらいました。（中略）

　低い「ぴー」から、高い音の「ピー」に変わり、篠笛の楽譜もすらすら読めるようになりました。4年生のときは少し短くしたものでしたが、6年生の今では、屋台の全部が吹けるようになりました。最初は、四、五人だった仲間が今では十人にもなりました。仲間が増えたことによって途切れていた音も一本につながり、長い曲も吹けるようになりました。六年間の思い出になればと思い、最後まで一生懸命吹きました。これからも友達と一緒に続けていきたいです。今度は品川のお祭りのお囃子に父と一緒に参加したいと思います。（G）

＊　＊　＊　＊　＊　＊　＊

　僕は2年生のときに、初めて篠笛に出会った。……高い音が出てくるようになるとだんだん面白くなった4年のとき、江戸囃子の〈屋台〉の頭だけ、最後に演奏した。一つの目標を立てた。卒業までに〈屋台〉全曲を演奏することだ。……6年11月。打ち込みの太鼓の音がシンとした講堂に響き、僕の高い笛の音がいっぱい響き渡った。その直後、みんなが心を一つにした楽器の音が、より一層講堂中を駆け巡った。（I）

※写真5-17と『卒業文集』Gの例は、川口・猶原（2011）『小学校でチャレンジする！伝統音楽の授業プラン』（明治図書）に初出されたものを再掲載したものです。
※章扉写真（上）提供：鈴木恭介、章扉写真（下），写真5-6,7,10,11（左），13〜17　提供：猶原和子
※譜例5-1〜4　作成：黒川真理恵・猶原和子

もっと知りたい人のために

全体にかかわる資料

❖ 文　献

小塩さとみ（2015）『日本の音　日本の音楽（シリーズ音楽はともだち）』東京：アリス館．

笠原潔・徳丸吉彦（2007）『音楽理論の基礎』東京：放送大学教育振興会．

川口明子・猶原和子（2011）『小学校でチャレンジする！伝統音楽の授業プラン―おと・からだ・ことばのリンクをめざして』東京：明治図書出版．

久保田敏子・藤田隆則（編著）（2008）『日本の伝統音楽を伝える価値―教育現場と日本音楽』（CD付）京都：京都市立芸術大学日本伝統音楽研究センター．

島崎篤子・加藤富美子（2014）『授業のための日本の音楽・世界の音楽―日本の音楽編』東京：音楽之友社．

森重行敏（編著）、洗足学園音楽大学現代邦楽研究所（監修）（2012）『ビジュアル版　和楽器事典』東京：汐文社．

横井雅子・酒井美恵子（2014）『プロの演奏でつくる！「日本・アジアの伝統音楽」授業プラン（学びがグーンと深まる！〈エキスパート発〉人気の中学音楽）』（DVD付）東京：明治図書出版．

❖ 視聴覚資料

芸団協「花伝舎」　インターネット「楽器から見る、日本の芸能」
　http://www.geidankyo.or.jp/12kaden/entertainments/instrument.html（2019/1/1 アクセス）．

芸団協「花伝舎」　インターネット「日本の伝統芸能」
　http://www.geidankyo.or.jp/12kaden/entertainments/index.html（2019/1/1 アクセス）．

（独）日本伝統文化振興会　インターネット「文化デジタルライブラリー　舞台芸術教材で学ぶ」
　http://www2.ntj.jac.go.jp/dglib/modules/learn/（2019/1/1 アクセス）．

小原光一（監修）、佐野靖・長谷川慎（編集）（2002）DVD『音楽鑑賞を10倍楽しむ基礎知識　邦楽編』東京：全教出版．

小原光一（監修）、佐野靖・長谷川慎（編集）（2002）DVD『音楽鑑賞を10倍楽しむ基礎知識　楽器紹介編　邦楽アンサンブル編』東京：全教出版．

教育芸術社（2016）DVD『平成28年度～　中学生の音楽2・3 上　授業支援DVD（日本の伝統的な歌唱）』東京：教育芸術社、KGF92118．

教育芸術社（2016）DVD『平成28年度～　中学生の音楽2・3 下　授業支援DVD（日本の伝統的な歌唱）』東京：教育芸術社、KGF92119．

教育芸術社（2016）DVD『平成28年度～　中学生の器楽　授業支援DVD (Let's play instruments! ―和楽器)』東京：教育芸術社、KGF92120．

NHK（2007）DVD『いろはに邦楽―長唄と義太夫・お囃子楽器・雅楽』東京：コロムビアミュージックエンタテインメント、COBG4700．

NHK（2007）DVD『いろはに邦楽―笛・太鼓・打楽器編』東京：コロムビアミュージックエンタテインメント、COBG4699.

NHK（2003）DVD『日本の伝統芸能と和楽器　第 1 巻〜第 10 巻』東京：NHK ソフトウェア、NSW6335A 〜 NSW6344A.

NHK（2013）DVD『音楽鑑賞用 DVD 日本の伝統音楽』東京：教育出版.

雅楽

❖ 文　献

遠藤徹（2013）『雅楽を知る事典』東京：東京堂出版.

小野亮哉（監修）、東儀信太郎（執筆代表）（1989）『雅楽事典』東京：音楽之友社.

笹本武志（2003）『はじめての雅楽　笙・篳篥・龍笛を吹いてみよう』（CD 付）東京：東京堂出版.

芝祐靖（監修）、遠藤徹・笹本武志・宮丸直子（著）（2006）『図説　雅楽入門事典』東京：柏書房.

増本伎共子（2010）『新版　雅楽入門』東京：音楽之友社.

❖ 視聴覚資料

安倍季昌（監修）DVD『ビデオでおぼえる雅楽　越殿楽（DVD 版）』東京：武蔵野楽器、CBEDV.

芝祐靖（監修）（2016）DVD『子どものための雅楽　雅楽ってなあに？』東京：伶楽舎、V1602407.

柘植元一（監修）（2007）DVD『雅楽　宮内庁式部職楽部』東京：財団法人下中記念財団.

能

❖ 文　献

観世左近（2005）『観世流大成版謡本　船弁慶』東京：檜書店.

観世元信（1959）『観世流太鼓手附序ノ巻』東京：檜書店.

小林責・西哲生・羽田昶（2012）『能楽大事典』東京：筑摩書房.

小林保治・森田拾史郎（編）（1999）『能・狂言図典』東京：小学館.

西野春雄・羽田昶（1987）『能・狂言事典』東京：平凡社.

三浦裕子（1998）『能・狂言の音楽入門』東京：音楽之友社.

安福春雄（1960）『高安流大鼓序ノ巻』東京：能楽書林.

「横道萬里雄の能楽講義ノート」出版委員会（編）（2013）『横道萬里雄の能楽講義ノート謡編』（CD 付）東京：檜書店.

「横道萬里雄の能楽講義ノート」出版委員会（編）（2014）『横道萬里雄の能楽講義ノート囃子編』（CD 付）東京：檜書店.

もっと知りたい人のために

❖ 視聴覚資料

教育出版（2012）DVD『平成24年度〜 中学音楽2・3下 音楽のおくりもの 教師用指導書添付DVD』東京：日本コロムビア、GES14663．

伝統音楽普及促進事業実行委員会（制作）、西野春雄（監修）（2015）DVD『「能」は面白い！（DVD 2枚組）』．

伝統音楽普及促進事業実行委員会（制作）、西野春雄（監修）（2018）CD・DVD『「能」は面白い！《囃子編》（CD・DVD 各1枚）』．

能楽協会京都支部・京都能楽会（2006）DVD『能とはどんなものか／能《井筒》』．

箏 曲

❖ 文 献

安藤政輝（1986）『生田流の箏曲』東京：講談社．

坂本正彦・吉崎克彦・水野利彦（1992）『箏のためのハンドブック』東京：大日本家庭音楽会．

津田道子（1983）『箏の基礎知識』東京：音楽之友社．

長谷川慎（監修）、吉永真奈（演奏）、ヤマハ株式会社（編集）（2017）『デジタル音楽教材箏授業』（DVD-ROM 付）東京：ヤマハミュージックメディア．

深海さとみ（2015）『深海さとみの箏エチュード』東京：邦楽ジャーナル．

福永千恵子（2003）『やさしく学べる箏教本』東京：汐文社．

宮城道雄（2017）楽譜『六段の調・雲井六段』東京：邦楽社．

山内雅子（2001）『日本音楽の授業』東京：音楽之友社．

山内雅子・大原啓司（2002）『楽しい箏楽譜集』東京：音楽之友社．

山口巌（校閲）（1913）『六段の調（初版）』福岡：大日本家庭音楽会．

❖ 視聴覚資料

安藤政輝（2010）DVD『授業で役立つ和楽器入門講座 箏―さくらを弾きましょう』東京：日本伝統文化振興財団、VZBG38．

長 唄

❖ 文　献

杵家彌七（2010）『三味線文化譜　長唄　小鍛冶（第 96 版）』東京：邦楽社．

竹内明彦（監修）（2007）『三味線のしおり』浜松：尚雅堂．

竹内明彦（監修）（2007）『鼓のしおり』浜松：尚雅堂．

津川信子（監修）（2004）『三味線をはじめよう！　独習でも三味線が弾けるようになる』東京：成美堂出版．

西川浩平（2009）『歌舞伎音楽を知る　一歩入ればそこは江戸』東京：ヤマハミュージックメディア．

配川美加（2016）『歌舞伎の音楽・音』東京：音楽之友社．

山田卓・山田隆（編著）（2003）『CD の伴奏で唄う　長唄教材集』（CD 付）東京：教育芸術社．

吉住小十郎（編）（1991）『長唄新稽古本（第六編）小鍛冶・若菜摘（第 44 版）』東京：邦楽社．

❖ 視聴覚資料

長唄と教育をデザインする委員会（編）（2014）DVD『すぐに役立つ！　音楽教員のための実践長唄入門』東京：一般社団法人長唄協会．

波多一索（解説）（2014）CD『古典芸能ベストセレクション　名手・名曲・名演集「長唄」』東京：日本伝統文化振興財団、VZCG8521 ～ 8522．

望月太意之助（構成・演出・解説）（1998）CD『歌舞伎下座音楽集成』東京：日本伝統文化振興財団、VZCG8055 ～ 8056．

芳村五郎治ほか（演奏）（2008）CD『邦楽舞踊シリーズ［長唄］小鍛冶／梅の栄』東京：日本伝統文化振興財団、VZCG601．

祭囃子

❖ 文　献

植木行宣・田井竜一（編）（2005）『都市の祭礼―山・鉾・屋台と囃子』東京：岩田書院．

東洋音楽学会（編）（1967）『東洋音楽選書〔一〕日本の民謡と民俗芸能』東京：音楽之友社．

福原敏男（2015）『江戸の祭礼屋台と山車絵巻―神田祭と山王祭（神田明神選書 4）』東京：渡辺出版．

本田安次（1990）『日本の伝統芸能』東京：錦正社．

若山胤雄（編著・監修）（1996）『江戸囃子手付』（CD 3 枚付）東京：邦声堂．

若山胤雄（編著・監修）（1997）『寿獅子手附』（CD 2 枚付）東京：邦声堂．

❖ 視聴覚資料

若山胤雄社中（1997）CD『日本の芸能　祭り囃子』東京：日本クラウン、CRCM60029．

DVDチャプター一覧

○は児童・生徒による実践例

第1部　唱歌を知る　●DISC 1

0-1	ことばからはじまる (1) 言葉・息・身体と唱歌	2:15
0-2	エア楽器と唱歌で表現する	1:04
0-3	身体全体で箏を弾く	0:56
0-4	息づかい、拍、間を意識して唱歌を歌う	2:50
0-5	ことばからはじまる (2) 掛声・囃しことば	1:00
0-6	唱歌・囃しことば・舞で表現する	1:29

第2部　唱歌をいかす

雅楽　●DISC 1

1-1	管絃　平調《越天楽》	2:54
1-2	拍の取り方	0:32
1-3	篳篥の唱歌、塩梅、演奏	3:28
1-4	龍笛の唱歌と演奏	2:22
1-5	笙の唱歌と演奏	2:20
1-6	吹物　三管の唱歌	1:04
1-7	鞨鼓の奏法　篳篥の唱歌と合わせる	2:00
1-8	太鼓の奏法　篳篥の唱歌と合わせる	1:27
1-9	鉦鼓の奏法　篳篥の唱歌と合わせる	1:26
1-10	篳篥の唱歌と打物	1:06
1-11	○篳篥の唱歌を歌おう	1:29
1-12	○篳篥の唱歌を歌いながら打物に挑戦しよう	0:58
1-13	○篳篥の蘆舌を紙で作って吹いてみよう	1:24
1-14	《越天楽》を代わりの楽器で演奏	1:13
1-15	舞楽《陵王》出手（陵王乱序）	3:30
1-16	〈陵王乱序〉龍笛の唱歌　唱歌で追吹	2:05
1-17	○舞楽を体験してみよう	2:55

能　●DISC 1

2-1	能とは	1:28
2-2	能管	1:46
2-3	小鼓	1:27

2-4	大鼓	0:59
2-5	太鼓	1:31
2-6	能《船弁慶》より ﹁その時義経、少しも騒がず」	0:40
2-7	小鼓〈三ツ地〉の唱歌・演奏・謡	1:20
2-8	大鼓〈コイ合〉の唱歌・演奏・謡	1:19
2-9	太鼓〈コイ合〉の唱歌・演奏・謡	1:08
2-10	﹁その時義経、少しも騒がず」の部分の演奏（小鼓、大鼓、太鼓、謡）	0:40
2-11	○﹁その時義経、少しも騒がず」の謡をうたってみよう	1:51
2-12	○小鼓〈三ツ地〉の唱歌と演奏に挑戦してみよう	3:40
2-13	○囃子（小鼓、大鼓、太鼓）の演奏と一緒に﹁その時義経、少しも騒がず」の謡と小鼓〈三ツ地〉の演奏に挑戦してみよう	0:33
2-14	能《船弁慶》より〈早笛〉	0:23
2-15	能管〈早笛〉の唱歌と演奏	1:13
2-16	小鼓〈早笛〉の唱歌と演奏	1:27
2-17	大鼓〈早笛〉の唱歌と演奏	1:26
2-18	太鼓〈早笛〉の唱歌と演奏	1:27
2-19	四拍子〈早笛〉の唱歌	0:46
2-20	四拍子〈早笛〉の演奏	0:38
2-21	○能管〈早笛〉の唱歌と演奏に挑戦してみよう	2:35
2-22	○四拍子の演奏と一緒に能管〈早笛〉の唱歌と演奏に挑戦してみよう	2:08
2-23	○﹁悪逆無道のその積り」の謡をうたってみよう	1:45
2-24	《船弁慶》後場より ﹁悪逆無道のその積り〜〈舞働〉	6:48
2-25	《船弁慶》後場より ﹁その時義経〜最後	3:08
2-26	《船弁慶》前場より〈中ノ舞〉	2:53

箏曲 DISC 2

3-1	宮城道雄作曲《さくら変奏曲》より	1:37
3-2	箏の唱歌の基本	0:39
3-3	《さくらさくら》より	0:16
3-4	コロリンについて	0:58
3-5	《さくらさくら》の唱歌と演奏	1:18
3-6	さまざまな奏法の唱歌	0:23
3-7	掻き爪	0:21
3-8	割り爪	0:19
3-9	宮城道雄作曲《手事》より	0:27

DVDチャプター一覧

○は児童・生徒による実践例

3-10	後押し	0:25
3-11	引き色	0:25
3-12	合せ爪	0:22
3-13	輪連	0:22
3-14	散らし爪	0:36
3-15	宮城道雄作曲《線香花火》より	0:22
3-16	スリ爪	0:17
3-17	宮城道雄作曲《汽車ごっこ》より	0:31
3-18	《さくらさくら》	1:25
3-19	《六段の調》〈平調子〉調弦	1:24
3-20	《六段の調》より 初段冒頭	0:48
3-21	コロリン	0:33
3-22	後押し	0:29
3-23	カケ爪	0:21
3-24	スクイ爪	0:16
3-25	裏連	0:17
3-26	押し合せ	0:09
3-27	《六段の調》より 四段冒頭	0:57
3-28	伝・八橋検校作曲《六段の調》	8:26
3-29	○小学校4年生の授業から	5:22

長唄 DISC 2

4-1	《小鍛冶》より	1:49
4-2	《小鍛冶》より 唄と三味線の演奏「伝え聞く」	0:59
4-3	○長唄を歌ってみよう	1:05
4-4	口三味線	0:43
4-5	三味線の唱歌と演奏	1:05
4-6	○口三味線を言ってみよう	0:26
4-7	長唄の演奏	1:00
4-8	○みんなでやってみよう	0:43
4-9	三味線の演奏	1:35
4-10	○みんなで弾いてみよう	1:25
4-11	○三味線と唄を合わせてみよう	0:38
4-12	《小鍛冶》より〈拍子の合方〉（短縮版）	1:13
4-13	〈拍子の合方〉（短縮版）の口三味線	1:33

4-14	○口三味線を言ってみよう	1:22
4-15	○〈拍子の合方〉（短縮版）を三味線で弾いてみよう	1:25
4-16	《石段の合方》（三味線と囃子）	1:18
4-17	大鼓と小鼓の打ち方と唱歌	2:15
4-18	《石段の合方》の唱歌	0:53
4-19	《石段の合方》の唱歌と大鼓の演奏	0:53
4-20	《石段の合方》の唱歌と小鼓の演奏	0:53
4-21	《石段の合方》の唱歌と手拍子の演奏（三味線入り）	0:59
4-22	○唱歌を覚えよう	1:03
4-23	○唱歌を言いながら大鼓のリズムを手で打ってみよう	1:27
4-24	○唱歌を言いながら小鼓のリズムを手で打ってみよう	1:24
4-25	○大鼓と小鼓にわかれて手拍子で合奏しよう	1:01
4-26	○大鼓と小鼓にわかれて手拍子で合奏しよう（大鼓と小鼓の楽器演奏入り）	0:58
4-27	囃子の楽譜（ツケ）	1:05
4-28	《石段の合方》（大鼓と小鼓）	0:45

祭囃子　DISC 2

5-1	《江戸囃子》〈屋台〉より	1:56
5-2	《江戸囃子》の楽器	1:39
5-3	締太鼓の唱歌と演奏	1:16
5-4	大太鼓の唱歌と演奏	0:52
5-5	締太鼓と大太鼓の唱歌と演奏	1:03
5-6	篠笛の唱歌と演奏	1:11
5-7	《江戸囃子》の唱歌と演奏	1:15
5-8	○《江戸囃子》を体験しよう	0:46
5-9	締太鼓の唱歌と奏法	1:06
5-10	大太鼓の唱歌と奏法	0:39
5-11	鉦の唱歌と奏法	0:29
5-12	○《江戸囃子》を楽しもう	3:41
5-13	《寿獅子》	2:39
5-14	締太鼓と桶胴太鼓の唱歌と演奏	0:40
5-15	《寿獅子》〈屋台〉の唱歌と演奏	0:43
5-16	獅子舞	5:20
5-17	両面踊り・獅子舞	3:08

DVD 映像収録

【第1部】洗足学園音楽大学　アンサンブルシティC404　2017年12月、2018年1～2月
【 雅楽 】東京藝術大学　第6ホール　2017年8月
【 能 】銕仙会能楽研修所　2017年8月
【 箏曲 】東京藝術大学　第2ホール　2017年8月
【 長唄 】那胡の会稽古場　2017年8月
【祭囃子】お茶の水女子大学　Student Commons　2016年12月、2017年9月

出演者・協力・制作

1 出演者

第1部　唱歌を知る

❖ **演　奏**

八反田智子　深海さとみ

❖ **出演・指導**

伊藤純子　伊野義博　岡本直広　柿崎竹美　猶原和子
藤井環（ナレーション）

❖ **児童・生徒・学生**

お茶の水女子大学附属小学校児童　東京都国立市立国立第六小学校児童
新潟大学教育学部附属長岡小学校児童　洗足学園音楽大学学生

第2部　唱歌をいかす

❖ **演　奏**

【 雅楽 】伶楽舎　三浦礼美（笙／鉦鼓）　中村仁美（篳篥／太鼓）
　　　　伊崎善之（龍笛）　宮丸直子（鞨鼓）　田口和美（太鼓／龍笛）
　　　　〆野護元（鉦鼓／龍笛）　小林勝幸（舞人）

【 能 】シテ　長山桂三　子方　長山凜三
　　　地謡　馬野正基　観世淳夫　小早川泰輝
　　　能管　藤田貴寛　小鼓　田邊恭資
　　　大鼓　佃良太郎　太鼓　林雄一郎

【 箏曲 】深海さとみ（箏／第一箏）　長谷川慎（第二箏）　平田紀子（十七弦）

【 長唄 】東音山田卓（長唄）　杵屋三澄那（三味線）
　　　　望月晴美（大鼓）　堅田喜代実（小鼓）

【祭囃子】若山社中　尾股真次（篠笛／太鼓）　鈴木恭介（締太鼓（タテ）／獅子）
　　　　　　田島悟（大太鼓／鉦）　二瓶浩彰（鉦／両面）
　　　　　　船蔵尚一（締太鼓（ワキ）／篠笛）

❖ 出演・指導

　伊野義博　岡本直広　猪原和子　中西紗織（能ナレーション）　山内雅子（箏曲ナレーション）

❖ 児童・生徒

　お茶の水女子大学附属小学校児童（雅楽／能／長唄／祭囃子）
　東京都国立市立国立第六小学校児童（箏曲）
　東京都杉並区立杉森中学校生徒（長唄）

2 協力・企画支援

❖ 協　力

　阿部みどり　江原陽子　大場陽子　岡本直広　駒井壮介　下田愛佳里　濱渦真紀　町田直樹
　浅草神社　公益社団法人能楽協会　国立能楽堂　大日本家庭音楽会　銕仙会能楽研修所　檜書店　邦楽社

❖ 事業運営委員会 (平成29年度)

　小川容子　徳丸吉彦　長瀬淑子　山口賢治

3 制　作

日本音楽の教育と研究をつなぐ会 (平成29年度)

　伊野義博　大熊信彦　小塩さとみ　尾見敦子　加藤富美子　川口明子　黒川真理恵　薦田治子
　小松康裕　澤田篤子　田村にしき　塚原健太　塚原康子　寺田己保子　猪原和子　中西紗織
　永原恵三　野川美穂子　長谷川慎　東元りか　平田紀子　深海さとみ　森田都紀　山内雅子
　山下正美

❖ 監修者

　徳丸吉彦

❖ 執筆者

　伊野義博　大熊信彦　小塩さとみ　加藤富美子　川口明子　黒川真理恵　薦田治子　澤田篤子
　田村にしき　塚原健太　塚原康子　寺田己保子　徳丸吉彦　猪原和子　中西紗織　野川美穂子
　長谷川慎　平田紀子　森田都紀　山内雅子

❖ 編集委員会

　小塩さとみ　加藤富美子　川口明子　黒川真理恵　薦田治子　澤田篤子　塚原健太　寺田己保子

❖ 映像製作／写真撮影

　姫田蘭

おわりに —— 唱歌によって日本音楽と子どもたちを"つなぐ"

　日本音楽の教育と研究をつなぐ会では、音楽学と音楽教育学の研究者、演奏家、および初等中等教育の教員が協同して、よりよい日本音楽の教育実践を模索しています。日本音楽の本質に根ざした学習をデザインするためには、学術的な論理、演奏の論理、子どもの論理を"つなぐ"必要があるからです。これは自明なことのはずですが、これまでに十分なされてきたのだろうかというのが、私たちの根本的な課題意識です。

　これらの論理を"つなぐ"ために、この教材では唱歌（しょうが）に注目しました。唱歌は、容易に実践してみることが可能ですし、それによって日本音楽の特質を感じ取ることができるからです。そのため、私たちはこの教材をつくるにあたって、演奏の実践や学術的な観点に裏付けられたものになるよう心がけるとともに、学校の授業で、すぐにでも実践できるような仕掛けを散りばめました。これらの意図が十分に反映されたものになったかどうかは、小学校、中学校、高等学校、そして大学の教員養成課程などで教鞭を執られる先生方と、その授業を受ける児童、生徒、学生の皆さんのご批評を待ちたいと思います。この教材を手に取ってくださった先生方には、興味をもたれた箇所から、目の前の子どもたちと一緒に唱歌を楽しんでみてください。私たちが"つないだ"論理を、今度は先生方が、子どもたちに"つないで"くださることを期待しています。それが実現して、はじめてこの教材の目的が達成されたと言えるでしょう。

　なお、この教材の制作にあたっては、素晴らしい実演を惜しみなく披露してくださった演奏家の皆さま、映像に出演してくださった児童、生徒、学生の皆さんとそのご指導をくださった先生方に多大なご協力を賜りました。直接ご協力くださった方々のお名前は、先に挙げさせていただきましたが、ここに挙げることがかなわなかった多くの方々からも、本会に対して多くのご助言やご声援を賜りました。出版に際しては、音楽之友社の岸田雅子氏、水谷早紀氏に大変お世話になりました。皆さまに、この場を借りてお礼を申し上げます。

　また、この教材の制作とその前提となる研究は、平成27〜29年度伝統音楽普及促進支援事業（文化庁）の委託を受けました。本委託事業に採択されたことで、私たちは多くの演奏家、学校の先生、研究者、教育行政関係者と関わりをもちながら研究を進めることができました。その"つながり"こそが、この教材を完成させる原動力となりました。最後にお礼を申し上げたいと思います。

（塚原健太）

[音楽指導ブック]
唱歌で学ぶ日本音楽（DVD付き）

2019年3月31日　第1刷発行

編著者	日本音楽の教育と研究をつなぐ会
監修者	徳丸吉彦
発行者	堀内久美雄
発行所	東京都新宿区神楽坂 6-30
	郵便番号 162-8716
	株式会社　音楽之友社
	電話 03(3235)2111 (代)
	振替 00170-4-196250
	https://www.ongakunotomo.co.jp/
装　丁	廣田清子 (office SunRa)
本文デザイン	星野俊明
印　刷	星野精版印刷 (株)
DVDプレス	東洋レコーディング (株)
製　本	(株) プロケード

©2019 by the Society for Connecting Education and Research of Japanese Music (Nihon ongaku no kyōiku to kenkyū o tsunagu kai)　Printed in Japan
本書（DVD付き）の全部または一部のコピー、スキャン、デジタル化等の無断複製は著作権法上の例外を除き禁じられています。また、購入者以外の代行業者等、第三者による本書（DVD付き）のスキャンやデジタル化は、たとえ個人や家庭内の利用であっても著作権法上認められておりません。

ISBN978-4-276-32170-0　C1073
Printed in Japan　　　　　　　　　　落丁本・乱丁本はお取替えいたします。

☆ 音楽指導ブック 好評既刊 ☆

音楽の授業や指導の現場でストレートに役立つテーマ別 "虎の巻" がずらり勢揃い

**こども・からだ・おんがく
高倉先生の
授業研究ノート（DVD付き）**
高倉弘光 著
B5判・並製・144頁　定価（本体3200円+税）
ISBN978-4-276-32167-0

**日本伝統音楽
カリキュラムと授業実践**
生成の原理による音楽の授業
日本学校音楽教育実践学会 編
B5判・並製・116頁　定価（本体2800円+税）
ISBN978-4-276-32165-6

**授業のための
合唱指導虎の巻**
眞鍋淳一 著
B5判・並製・96頁　定価（本体2000円+税）
ISBN978-4-276-32166-3

**聴き合う耳と響き合う
声を育てる合唱指導**
ポリフォニーで鍛える！（DVD付き）
寺尾 正 著
B5判・並製・96頁　定価（本体3000円+税）
ISBN978-4-276-32164-9

歌う力を育てる！ 歌唱の授業づくりアイデア
丸山久代 著
B5判・並製・80頁　定価（本体2000円+税）ISBN978-4-276-32163-2

チャートでわかる！メンタルヘルスにいきる 教師の悩み相談室 子ども・保護者・同僚と「いい関係」をつくる
諸富祥彦 著
B5判・並製・112頁　定価（本体2000円+税）ISBN978-4-276-32151-9

Q&Aと授業リポートで探る 音楽づくりの言葉がけ 表現意欲と思考を導くために
平野次郎 著
B5判・並製・96頁　定価（本体2000円+税）ISBN978-4-276-32162-5

リコーダー大好き！ 授業を助ける指導のポイント（CD付き）
千田鉄男 著
B5判・並製・104頁　定価（本体3200円+税）ISBN978-4-276-32150-2

クラシック名曲のワケ 音楽授業に生かすアナリーゼ
野本由紀夫 著
B5判・並製・104頁　定価（本体2300円+税）ISBN978-4-276-32159-5

音楽づくりの授業アイディア集 音楽をつくる・音楽を聴く
坪能克裕、坪能由紀子、高須 一、熊木眞見子、中島 寿、高倉弘光、駒久美子、味府美香 著
B5判・並製・128頁　定価（本体2400円+税）ISBN978-4-276-32149-6

子どもが輝く歌の授業
眞鍋なな子 著
B5判・並製・96頁　定価（本体2000円+税）ISBN978-4-276-32158-8

短時間でうまくなる合唱指導 迷わない！ためのアイデア
武田雅博 著
B5判・並製・136頁　定価（本体2400円+税）ISBN978-4-276-32147-2

白ひげ先生の 心に響く 歌唱指導の言葉がけ
蓮沼勇一 著
B5判・並製・112頁　定価（本体2200円+税）ISBN978-4-276-32157-1

授業がもっと楽しくなる 音楽づくりのヒント 作曲なんてへっちゃらだー！
野村 誠 著
B5判・並製・128頁　定価（本体2000円+税）ISBN978-4-276-32144-1

お悩みポイッと撃退！ かおるせんせの合唱塾
坂本かおる 著
B5判・並製・96頁　定価（本体2000円+税）ISBN978-4-276-32156-4

音楽科必携！ 歌ってたのしい 歌唱共通教材 指導のヒント
富澤 裕 著
B5判・並製・96頁　定価（本体2000円+税）ISBN978-4-276-32153-3

授業のための日本の音楽・世界の音楽 世界の音楽編
島崎篤子、加藤富美子 著
B5判・並製・136頁　定価（本体2400円+税）ISBN978-4-276-32155-7

歌唱・合唱指導のヒント こんなとき どうする？
富澤 裕 著
B5判・並製・112頁　定価（本体2200円+税）ISBN978-4-276-32143-4

授業のための日本の音楽・世界の音楽 日本の音楽編
島崎篤子、加藤富美子 著
B5判・並製・136頁　定価（本体2400円+税）ISBN978-4-276-32154-0

鑑賞の授業づくりアイディア集 へ～そ～なの！音楽の仕組み
坪能克裕、坪能由紀子、高須 一、熊木眞見子、中島 寿、高倉弘光、駒久美子、味府美香 著
B5判・並製・144頁　定価（本体2400円+税）ISBN978-4-276-32142-7

ゼロからのチャレンジ はじめての合唱指導 わかりやすい理論とアイディア
椿野伸仁 著
B5判・並製・112頁　定価（本体2200円+税）ISBN978-4-276-32152-6

子どものための たのしい音遊び 伝え合い、表現する力を育む
柴田礼子 著
B5判・並製・128頁　定価（本体2000円+税）ISBN978-4-276-32141-0

※重版により、定価が変わる場合がございます。予め、ご了承ください。

〒162-8716 東京都新宿区神楽坂6-30　**音楽之友社**　TEL. 03(3235)2151　FAX. 03(3235)2148（営業）　http://www.ongakunotomo.co.jp/